もっと知りたいボランティア

3

監修 西尾雄志（近畿大学准教授）

知ろう！

福祉

ボランティア

目次

ボランティアと SDGs《エスディージーズ》

2015年9月25日の国連サミットで、地球環境《かんきょう》を保全《ほぜん》しながら発展《はってん》をつづけるための目標「持続可能《かのう》な開発目標(SDGs《エスディージーズ》)」が採択《さいたく》されました。SDGs は、2016 年から 2030 年の 15 年間で国連加盟国《かめいこく》が達成すべき 17 の目標（ゴール）と 169 のターゲット（ゴールにいたるための具体的な課題）で構成《こうせい》されています。17 の目標は、国だけでなく企業《きぎょう》や市民が参加し、社会全体で達成をめざすものとされています。

本書では、ボランティアの活動を SDGs の観点からとらえ、SDGs のどの目標にかかわるかを右のアイコンでしめしています。

団体名《だんたいめい》の表示《ひょうじ》について

この本で活動をとりあげている団体《だんたい》には、NPO 法人および認定《にんてい》 NPO 法人がふくまれます。NPO 法人は、NPO 法人（特定非営利《ひえいり》活動法人）制度《せいど》にもとづき、団体の名前で契約《けいやく》や取引ができる法人格《ほうじんかく》を得《え》た団体です。認定 NPO 法人は、NPO 法人のなかでも、その団体に寄付《きふ》した人が税《ぜい》の優遇《ゆうぐう》を受けられる団体です。

NPO 法人は特定非営利活動法人ともよばれますが、この本では NPO 法人と記します。また、各団体の種類は「団体データ」内の「団体名《めい》称《しょう》」にしめします。

はじめに

資本主義《しほんしゅぎ》は経済《けいざい》のルールにすぎない

このシリーズの第1巻《かん》『ボランティアって、何？』で、ボランティアを考えるにあたり「資本主義《しほんしゅぎ》」の話をしました。そこでは資本主義を「利益《りえき》を得《え》ることを最大の目的とした経済活動や、その経済活動を中心にした社会のしくみ」と説明しました。でも、理解《りかい》するには少し、むずかしいですよね。資本主義に関しては、またべつの説明もできるかと思います。こんな説明になるでしょうか。

「10はたらいた者には、10の報酬《ほうしゅう》をあたえよ。その倍の20はたらいた者には、倍の報酬となる20の報酬をあたえよ。そして、100億はたらいた者には、100億の報酬をあたえよ。だが、はたらかない者には、報酬はない」

こういうルールにすると、みんな一生懸命《いっしょうけんめい》はたらきます。知恵《ちえ》をはたらかせます。がんばればがんばるほど、頭を使えば使うほど、報酬がふえるからです。そうなると、人類全体の富の量も爆発的《ばくはつてき》にふえます。

ただし、人間や社会のことを考えると、このルールだけでやっていこうとしても、けっしてうまくいきません。おそろしいのは、このルールが経済のルールにすぎない、ということをわすれてしまうことです。「いや、このルールでゆたかになったんだから、すべてこのルールでいこう！」ということになると、このルールは過激《かげき》なものとなります。「はたらかない者には報酬がない」が、「はたらかない者には価値《かち》がない」につながって、この社会は人間の社会ではなくなってしまいます。

そもそも、生まれたばかりの赤ちゃんは、はたらけません。教育を受けている期間もはたらけません。ぜったいに病気にならない人、ぜったいにけがをしない人はいませんし、病気やけがで動けなくなるとはたらけません。「はたらかない者には、報酬はない」というルールには、もともとむりがあるのです。

だれもが得《え》られる幸せとは

資本主義《しほんしゅぎ》の特徴《とくちょう》は、労働によって生まれた成果と、得《え》られる報酬《ほうしゅう》をつなげて考えるところにあります。でも、労働の量や成果に関係なく、すべての人が享受《きょうじゅ》できる（受けとって自分のものにできる）幸せがあるというのが福祉《ふくし》の考えかたです。

お金のあるなしにかかわらず、おなかいっぱいごはんを食べる幸せを、すべての子どもは享受できる。お金があってもなくても、障《しょう》がいがあってもなくても、いきいきと遊んだり、いろいろな体験をしたりする楽しさを、すべての子どもは享受できる。性的《せいてき》なマイノリティ（少数者）であろうと、なかろうと、自分らしく生きる幸せを、すべての人は享受できる。何歳《なんさい》になろうと、生きがいをもって生きる幸せをすべての人が享受できる。

こんな社会のほうが、きっと楽しくて、みんな幸せに生きられるでしょう。福祉の分野で活動するボランティアは、この幸せをだれもがあたりまえに受けとれる社会をめざしているのです。

2022年3月

近畿《きんき》大学　准教授《じゅんきょうじゅ》
西《にし》尾《お》雄《たけ》志《し》

福《ふく》祉《し》ボランティア おすすめチャート

この本では、7つの福祉《ふくし》ボランティア活動を紹介《しょうかい》しています。
あなたに向いている活動はどれか、このチャートでためしてみましょう。
気になった活動から読んでみるのもいいですね。

子どもや若者《わかもの》を
ささえたい ………………… A

障《しょう》がいのある人を
ささえたい ………………… B

お年よりをささえたい … C

毎日のくらしを
ささえたい ………………… A

LGBTQ 支《し》援《えん》に
かかわりたい ……………… B

A →
B ・・・→
C 〜〜→

あたたかいごはんで
くらしをささえる ……… A

遊び場や居場所《いばしょ》づくりで
くらしをささえる ……… B

子ども食堂《しょくどう》ボランティア
西成《にしなり》チャイルド・ケア・センター
………………… 10 ページ

冒険《ぼうけん》遊び場・
居場所運営《いばしょうんえい》ボランティア
ゆめ・まち・ねっと ‥ 18 ページ

＊ゆめ・まち・ねっとは子ども食堂《しょくどう》の運営《うんえい》も行っています。くわしくは記事をお読みください。

LGBTQ 支援《しえん》ボランティア
ReBit《リビット》 …………… 14 ページ

＊ ReBit《リビット》は障《しょう》がいのある人の支援《しえん》も行っています。くわしくは記事をお読みください。

日常《にちじょう》生活を
ささえたい ………………… A

パラスポーツを通じて
障《しょう》がいのある
子どもをささえたい …… B

在宅介護《ざいたくかいご》・地域《ちいき》生活
支援《しえん》ボランティア
寝屋川市民《ねやがわしみん》たすけあいの会《かい》
………………… 24 ページ

パラスポーツ支援《しえん》
ボランティア
D -SHiPS32《ディー シップスミニ》 …… 28 ページ

やってみるならどちら？
カフェの店員 ……………… A
パソコン教室の先生 …… B

居場所運営《いばしょうんえい》ボランティア
いこいの家《いえ》 夢《ムー》みん
………………… 34 ページ

ICT 学習・支援《しえん》ボランティア
コミュニティ NET《ネット》 ひたち
………………… 38 ページ

第1章

子どもや若者《わかもの》をささえる

成長を見まもる

子どもや若者《わかもの》は、どんなささえを必要としているのでしょうか。まずは生活に必要なものが欠けていれば、それをおぎなうことがもっとも優先《ゆうせん》されます。しかしそれだけでは足りません。

子どもには、安心できる場所と、見まもってくれる人が必要です。生活の世話をしてもらうためだけではありません。基礎《きそ》となる心のよりどころがなければ、さまざまなものを吸収《きゅうしゅう》し、育っていくことができないからです。

いっぽう、いろいろな事情《じじょう》で学校や仕事からはなれてしまった若者には、子どもやおとなとはちがう困難《こんなん》があります。社会にはこまった人を助けるしくみがありますが、若者はその網《あみ》の目からこぼれがちです。彼《かれ》らもまた、自分の道を見つけるまでよりそい、長く見まもってくれる人を必要としています。

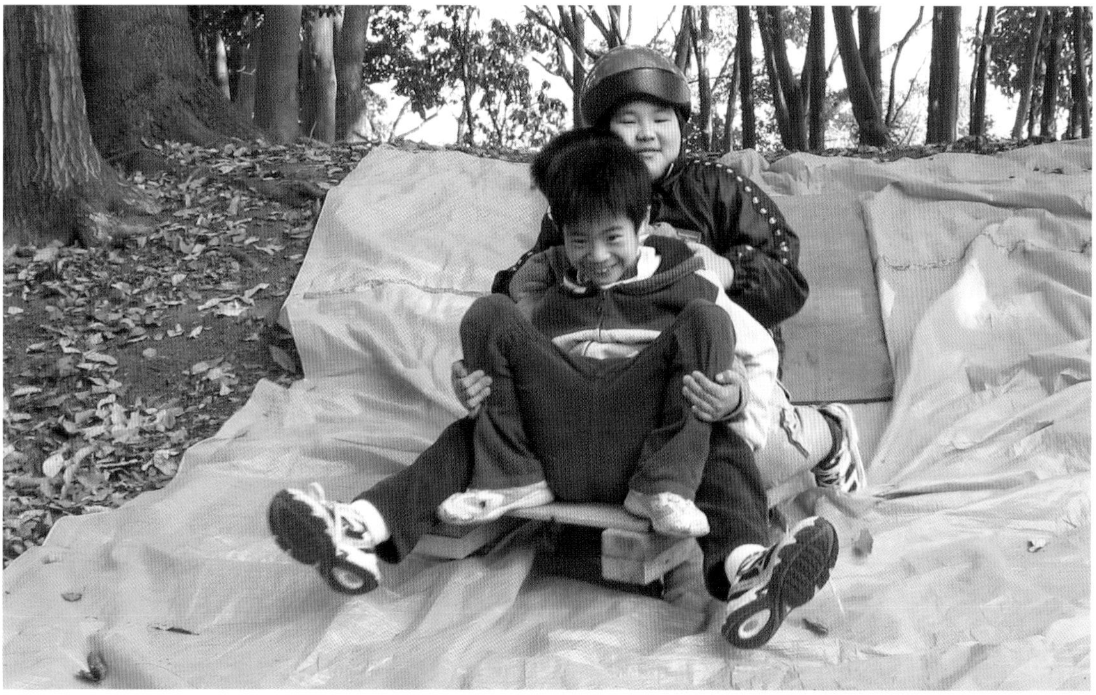

静岡県富士市《ふじし》で開かれている冒険《ぼうけん》遊び場「たごっこパーク」で遊ぶ子どもたち。

© NPO 法人 ゆめ・まち・ねっと

子ども食堂《しょくどう》ボランティア

地域《ちいき》の子どもとその親を、あたたかいごはんでむかえる

西成《にしなり》チャイルド・ケア・センター

子どもが1人《ひとり》でも、無料もしくは数百円で食事ができる場所が子ども食堂《しょくどう》です。地域《ちいき》で居場所《いばしょ》づくりをしたいと考える人たちが、2012年ごろからこの活動をはじめ、いまでは全国に広がっています。そのさきがけの一つとなったのが、西成《にしなり》チャイルド・ケア・センターが運営《うんえい》する「にしなり☆こども食堂」です。

多くの課題をかかえる西成区《にしなりく》で

大阪市西成区《おおさかしにしなりく》は、大都市である大阪市の南部で、難波《なんば》や天王寺《てんのうじ》・阿倍《あべ》野《の》などの繁華街《はんかがい》にはさまれた区です。北東部には日やといではたらく労働者向けの簡易宿泊所《かんいしゅくはくじょ》が集まる「あいりん地区」をかかえ、生活や貧困《ひんこん》の問題に古くから直面している地域《ちいき》です。

西成《にしなり》チャイルド・ケア・センターは、西成区で「にしなり☆こども食《しょく》堂《どう》」を中心に子ども、保護者《ほごしゃ》を支援《しえん》する団体《だんたい》です。代表理事の川辺康子《かわべやすこ》さんは、西成区で生まれそだち、子どものころは貧困をはじめとする地域の問題を意識《いしき》する機会はほとんどありませんでした。

2001年、「わが町にしなり子育てネット」ではたらく子育て支援員《しえんいん》になったことから、現在《げんざい》までつづく地域福祉《ふくし》の活動をはじめます。しかし、道のりはけわしいものでした。行政《ぎょうせい》からの補助金《ほじょきん》が打ちきられて、仕事を無《む》償《しょう》でつづけることになったり、はたらいていた施設《しせつ》が廃止《はいし》されてしまったり。そのたびに

団体《だんたい》データ

団《だん》体《たい》名《めい》称《しょう》	NPO法人 西成《にしなり》チャイルド・ケア・センター
設《せつ》　立《りつ》	2017年（同時にNPO法人化）
所《しょ》在《ざい》地《ち》	大阪府大阪市西成区中開《おおさかしにしなりくなかびらき》3-3 ひらき住宅《じゅうたく》1-102
電《でん》　話《わ》	06-7709-5432
ファクス	06-7709-5432
ホームページ	https://n-ccc.org/

「お金では買えない仕事をしているんだから、やりたいことをやればいい」という家族のことばをささえに、次の活動の場をさがしてきました。

子どもにはおなかいっぱいになれる場所が必要

代表理事　川辺康子《かわべやすこ》さんに聞きました

子どもたちやお母《かあ》さんたちにたくさんのことを教わりながら活動してきました。人とつながるのが好きなので、そこがこの活動に向いているところかなと自分では思っています。いまの目標は、食堂《しょくどう》と、親子が育ちなおしをするための宿泊所《しゅくはくじょ》の機能《きのう》をもった、みんながゆっくりできる新しい場所をつくることですね。

川辺《かわべ》さんが子どもと食事の問題にはじめてふれたのは2003年、児童館ではたらいていたときです。毎日遊びにくる子どもの1人《ひとり》が、いつも水飲み場で水をがぶがぶ飲んでいたのです。空腹《くうふく》をまぎらわせるためでした。気をつけて様子を見ていると、じゅうぶんに食事ができていない子どもの存在《そんざい》がだんだん見えてきました。

その後の2010年、地域《ちいき》の人と学校の先生とがつくる連絡会《れんらくかい》に参加することになった川辺さんは、地域にある小学校で学級崩壊《ほうかい》が連鎖《れんさ》して起こり、学校全体が荒《あ》れてしまっていることを知りました。事態《じたい》を受けて、当時つとめていた施設《しせつ》に子どもの居場所《いばしょ》「あそびの広場」を開きます。

遊びにきても気持ちが荒れていて、けんかをふっかけたりあばれたりする子どもがいます。「これはおなかがすいてるんちゃうかな」と感じた川辺さんは、子どもたちといっしょに食事をつくって食べる料理教室をはじめました。これが大当たりでした。楽しく食事をした子どもたちは、見る見るうちに落ちつきをとりもどしたのです。2012年には「にしなり☆こども食堂《しょくどう》」と名前を改め、食堂形式としました。いま全国に広がっている子ども食堂のとりくみは、当時まだはじまったばかりでした。

開設《かいせつ》当時の「にしなり☆こども食堂《しょくどう》」。

開始当時は、施設での仕事を終えてから、無償《むしょう》のボランティアとしての活動でした。場所や光熱費《こうねつひ》は施設の運営《うんえい》のなかでまかなうことができましたが、食材や調味料などはすべて川辺さんの負担《ふたん》です。さいわい施設職員《しょくいん》としての給料があったり、施設を通して助成金を得《え》たりして、なんとか運営ができていました。しかし、この施設《しせつ》も2016年3月に廃止《はいし》されてしまいます。川辺《かわべ》さんは、活動場所をうつしてとりくみをつづけながら「こども食堂《しょくどう》ネットワーク関西」をつくり、ふえはじめた関西各地の子ども食堂をつなぐ活動にたずさわります。そして2017年、西成区《にしなりく》の北西部にある団地《だんち》の1階に「にしなり☆こども食堂」を移転《いてん》し、NPO法人西成《にしなり》チャイルド・ケア・センターとして活動をはじめました。

　現在《げんざい》「にしなり☆こども食堂」は、毎週月曜・火曜に開かれています。午前中のうちにその日使う米をあらい、冷蔵庫《れいぞうこ》や食料庫を見て献立《こんだて》を決めます。いたまないうちに使いたい野菜、それに合う肉や魚、賞味期限《しょうみきげん》が近い食品を組みあわせます。

　午後3時ごろから調理をはじめます。調理担当《たんとう》のボランティアが来てくれることも、川辺さん1人《ひとり》のこともあります。3時半ごろになると、学校帰りの子どもたちがやってきます。家に帰ってきたようにランドセルを置いて遊びにいったり、宿題をしたり、すごしかたはさまざまです。

ボランティアの声

岡 由利子《おか ゆりこ》さん

　中学生のときから、食事をじゅうぶんとれない子どもがいましたが、それに自分が何もできないことにいかりを感じていました。新聞記事で「にしなり☆こども食堂《しょくどう》」を知り、高校受験が終わったころからボランティアとして活動に参加しています。わたしも家族以外の多くの人にささえられて育ちました。その経験《けいけん》に後おしされながら、子どもたちとかかわっています。

大学生のボランティアが集まって調理することもあります。

「にしなり☆こども食堂《しょくどう》」の夏休みのある日の食卓《しょくたく》。毎回40人分の料理がならびます。

中学生たちは無料で使えるWi-Fi《ワイファイ》をめあてに集まってきて、ゲームに熱中していたりもします。

５時半に「いただきます」で食べはじめますが、部活動を終えた高校生が６時半をすぎて顔を出すこともあり、にぎやかな時間は午後７時ごろまでつづきます。

つながりの力で親子をささえる

「にしなり☆こども食堂《しょくどう》」がある地域《ちいき》には、市営住宅《しえいじゅうたく》がたくさん建てられ、一人《ひとり》ぐらしの高齢者《こうれいしゃ》や、女性《じょせい》とその子どもだけの母子家庭、外国にルーツをもつ人びとが多くくらしています。人の出入りも多く、近所づきあいなどの地域のつながりがなかなかできません。

川辺《かわべ》さんはこれまでの活動を通して、地域で孤立《こりつ》してしまう親子を数多く見てきました。子育て支援《しえん》や、親子のための一時宿泊所《しゅくはくじょ》の運営《うんえい》も、食堂の運営と並行《へいこう》して行っています。

川辺さんが「目からうろこが落ちた」と語る体験があります。川辺さんが長く生活の支援をしてきたある子育て中の女性が「わたしはもう一人じゃないんやな」とつぶやいたことがありました。そのきっかけは、「にしなり☆こども食堂」で顔見知りになった子どもが、町で声をかけてきたことだったそうです。子どもが気軽に話しかけた一言が、子ども自身も知らないうちに、この女性の気持ちをささえていました。川辺さんはとてもおどろき、地域で人と人とがかかわることの大きな意味をあらためて感じたのです。

ささやかなたくさんのつながりが、西《にし》成《なり》チャイルド・ケア・センターの活動から生まれています。

ボランティアの声

井上《いのうえ》翔太郎《しょうたろう》さん

「にしなり☆こども食堂《しょくどう》」に月に２回ほど通って、調理の手《て》伝《つだ》いをしたり、子どもの相手をしたりしています。相手の希望を受けとめるだけでなく、自分で考えて動いて、それが相手のためになるようなボランティアでありたいです。代表の川辺《かわべ》さんが、つねに子どものことを考え、子どもと対等の目線でけんかしたり喜《よろこ》んだりしている様子を見ていると、こういうおとながいてくれたら子どもはうれしいだろうと思いますね。

「にしなり☆こども食堂《しょくどう》」には、つながりのある人や会社から、毎日さまざまな支援品《しえんひん》がとどきます。

LGBTQ 支援《しえん》ボランティア

すべての子どもが、ありのままでおとなになれる社会をつくる

ReBit《リビット》

LGBTQ、セクシュアルマイノリティ（性的《せいてき》少数者）にあたる人びとは、日本の人口の 3 ～ 10 パーセントほど存在《そんざい》するといわれます（統計《とうけい》によっていろいろな数値《すうち》があります）。LGBTQ の人びとが誤解《ごかい》や偏見《へんけん》をもたれたり、不都合なあつかいを受けたりする現状《げんじょう》を変えるこころみが、近年になって少しずつ実を結びはじめました。ReBit《リビット》の活動もその一つです。

大学生たちがはじめた、LGBTQ 出張授業《しゅっちょうじゅぎょう》

ReBit《リビット》は 2009 年、東京の私立《しりつ》大学の学生団体《だんたい》として活動をはじめました。代表として団体をつくったのが、現在《げんざい》も代表理事をつとめる薬師《やくし》実芳《みか》さんです。薬師さんは社会問題をテーマにイベントを行うサークルに所属《しょぞく》していました。大学 2 年生のとき、自身もトランスジェンダーの 1 人《ひとり》として、LGBTQ をテーマにした企画《きかく》を成功させたことから、その年のうちに新たな団体をつくったのです。

最初にとりくんだのは、学校への出張授業《しゅっちょうじゅぎょう》でした。自分とまわりとのちがいになやみはじめる時期の子どもたちにこそ「あなたは 1 人ではない」「自分らしく、ありのままを大切にしていい」というメッセージを伝えたいという思いがあったからです。2010 年当初は、どの学校に提案《ていあん》しても理解《りかい》されず「そんな生徒はこの学校にはいない」とことわられるばかりでしたが、少しずつ味方になってくれる先生がふえ、授業の機会をもてるようになりました。

授業の講師《こうし》をつとめるのは、LGBTQ のメ

団体《だんたい》データ

団《だん》体《たい》名《めい》称《しょう》	認定《にんてい》NPO 法人 ReBit《リビット》
設《せつ》立《りつ》	2009 年（2014 年に NPO 法人化）
所《しょ》在《ざい》地《ち》	東京都渋谷《しぶや》区《く》代々木《よよぎ》 3-26-2 新宿《しんじゅく》カメヤビル 4 階《かい》
電《でん》話《わ》	03-6278-9909
ホームページ	https://rebitlgbt.org/

ンバーたちです。一方的にただ教えるのではなく、教室の子どもたちや先生と講師が交流することを大切にしています。講師が自身の経験《けいけん》を話す「ライフストーリー」を通して、LGBTQの人たちと出会ってもらうのです。

出張授業からはじまった教育事業は、学校の先生が授業で使える教材「Ally《アライ》 Teacher's《ティーチャーズ》 Tool《ツール》 Kit《キット》」の制作《せいさく》と無料配布《はいふ》や、各地のLGBTQの若者《わかもの》リーダーを応援《おうえん》する研修《けんしゅう》プログラム「diverseeds《ダイバーシーズ》」、先生向けのLGBTQに関する情報《じょうほう》センター「Ally《アライ》 Teacher's《ティーチャーズ》 School《スクール》」サイト開設《かいせつ》と、大きく輪を広げています。

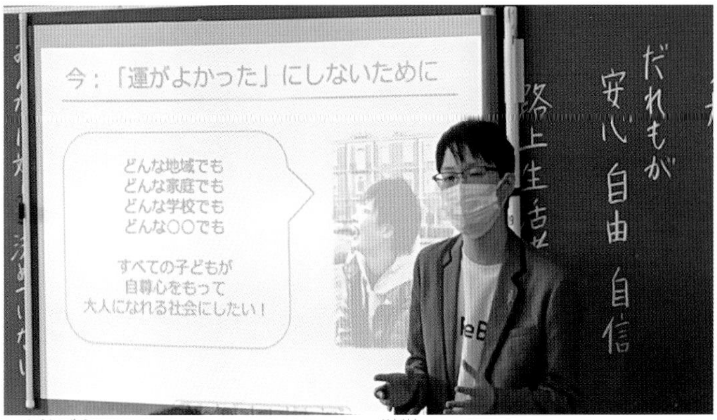

出張授業《しゅっちょうじゅぎょう》の様子。LGBTQを入り口に、人権《じんけん》について、またそれぞれをみとめあう考えかたについて伝えます。

学校教育にも変化があらわれています。2015年、文部科学省から全国の学校に、LGBTQの子どもに配慮《はいりょ》をもとめる通知が出されました。2017年からは、高校・中学校・小学校の教科書に、LGBTQに関して書かれているものがふえています。さらに、2020年から使われている中学校「保健《ほけん》体育」の教科書の一つは、ReBitのとりくみをとりあげています。

LGBTQ

レズビアン（女性《じょせい》同性愛者）、ゲイ（男性同性愛者）、バイセクシュアル（両性愛者）、トランスジェンダー（生まれたときの体の性別《せいべつ》と、自認《じにん》する性別がことなる人）、クエスチョニング（性自認《せいじにん》・性的指向が決まっていないか、決めないことにした人）の5つの頭文字《かしらもじ》を合わせたことば。多様なセクシュアリティの人をふくむセクシュアルマイノリティ（性的少数者）全体をさすことばとしても使われる。

自分らしくはたらきたい

薬師《やくし》さんが就職《しゅうしょく》活動をした2012年には、残念ながらLGBTQの人たちは、活動のなかでさまざまな課題にぶつかりました。カミングアウト（LGBTQだと周囲《しゅうい》に伝えること）をしていてもしていなくても、それぞれの困《こん》難《なん》がありました。面接《めんせつ》で配慮《はいりょ》のない質問《しつもん》をされたり、不採用《ふさいよう》になったときはLGBTQであるために採用されなかったのかとなやんだりすることもありました。

ReBit《リビット》では2013年から、10～20代のLGBTQに向けたキャリア支援《しえん》をはじめました。2014年からは企業《きぎょう》向けに、LGBTQの社員やお客さんのことを理解《りかい》するための研修《けんしゅう》

代表理事の薬師実芳《やくしみか》さんに聞きました

団体設立《だんたいせつりつ》から10年以上がたち、教科書の一部にLGBTQについて書かれるようになるなど、学校や社会も少しずつ変化しています。今後は、アライ（理解《りかい》者《しゃ》）の先生を全国にふやすためのとりくみを進めます。すべての学校・地域《ちいき》がLGBTQの子どもたちにとって安心できる場所になるよう、これからもBit《ビット》（少しずつ）をRe《リ》（何度でも）くりかえし、挑戦《ちょうせん》していきます。

ボランティアの声

プロボノ　高木《たかぎ》 藍《あい》さん

代表理事の薬師《やくし》さんと大学の同級生で、活躍《かつやく》は知っていました。ReBit《リビット》の活動にはつい最近からプロボノ（仕事で得《え》た技術《ぎじゅつ》を提供《ていきょう》するボランティア）として参加し、ReBitが行うイベントの広報《こうほう》・宣伝《せんでん》を担《たん》当《とう》しています。コロナ禍《か》もあってリモートの作業がほとんどですが、ReBitスタッフの方の細かい心くばりもあり、楽しく活動しながら社会の役にたてるのがうれしいです。

を行っています。2015年にはサイト「LGBT就活《しゅうかつ》」を開設《かいせつ》し、2016年からは、どんな人でもはたらきやすい職場《しょくば》づくりを進めている企《き》業《ぎょう》を集めたイベントを毎年主催《しゅさい》しています。

　これらの活動が軌道《きどう》に乗ったことで、2014年にNPO法人となり、2015年からは団体《だんたい》の仕事に専任《せんにん》するスタッフを職員《しょくいん》としてやとい、給料をはらえるようになりました。安定して活動をつづけていくために、職員をふやすとともに、一般《いっぱん》の人たちのなかに支援《しえん》してくれる仲間をふやしたいと考えています。

新たな挑戦《ちょうせん》「就労移行支援《しゅうろういこうしえん》」

　企業《きぎょう》ではたらきはじめてからも、周囲《しゅうい》の無理解《むりかい》からLGBTQの人たちはハラスメントを受けやすかったり、トランスジェンダーの場合は、希

2016年から開催《かいさい》しているキャリア支援《しえん》イベントには、のべ49の企業《きぎょう》と3100人の参加者が集まりました。2020年からはオンラインで開催《かいさい》しています。（下の写真は2021年度のイベントサイト）。

望する性別《せいべつ》ではたらくうえで、希望する名前や設備《せつび》が使えるかどうかなど、さまざまな課題があります。

LGBTQの人びとは、社会の無理解によって「うつ」などの精神障《せいしんしょう》がいをかかえることもあります。LGBTQ、精神障がい、発達障がいなど、少数者となる要素《ようそ》をいくつかあわせもつ「複合的《ふくごうてき》マイノリティ」である人は少なくありません。うつや発達障がいなどの障がいがある人は、企業とはたらく人のあいだに立って、一般《いっぱん》企業に就職《しゅうしょく》しはたらきつづけるのを助ける、就労移行支援《しゅうろういこうしえん》事業という福祉《ふくし》サービスを利用できます。しかし、自分がLGBTQであることを安心して伝えながら、サービスを受けられる場所は多くありません。

ボランティアの声

認定講師《にんていこうし》　河村俊哉《かわむらとしや》さん

出張授業《しゅっちょうじゅぎょう》にまずスピーカー（話し手）として参加し、その後研修《けんしゅう》を受けて認定講師《にんていこうし》になりました。人前に立って話すと、話した内容《ないよう》がわかってもらえているのか、まだ説明が足りないのかが直接《ちょくせつ》わかります。思いが伝わったのをふんいきで感じたり、アンケートで好意的な感想をもらえたりすると手ごたえを感じます。ReBit《リビット》にはLGBTQだけでなく、うつや発達障《はったつしょう》がいなど、人のいろいろな側面をみとめあう風土があり、それに自分自身も助けられていますし、自分が活動するうえでも大切にしています。

そこでReBit《リビット》は、LGBTQをふくめ、多様な背景《はいけい》をもつ人が安心して利用できる就労移行支援事業所「ダイバーシティキャリアセンター」の運営《うんえい》に乗りだしました。クラウドファンディングなども活用して資金《しきん》を集め、2021年12月に事業所を開き、サービスをはじめています。福祉サービスが安全に利用できれば、LGBTQの人たちも自分らしくくらせる地域《ちいき》を広げていくことができます。

クラウドファンディング

おもにインターネットを通じて自分の活動や今後の夢《ゆめ》を発表して、それを実現《じつげん》する資金《しきん》をつのること。日本では2010年代以《い》降《こう》さかんに行われている。

ReBitがめざすのは、LGBTQをふくむすべての子どもたちが、ありのままでおとなになれる社会です。団体設立《だんたいせつりつ》からすでに10年以上がすぎました。代表理事の薬師実芳《やくしみか》さんは「ここまでの10年は、LGBTQについて知り、理解してもらう10年。ここからは、どの地域でも自分らしくくらせるように、制《せい》度《ど》や環境《かんきょう》を整えていく10年になる」と言います。ReBitの挑戦《ちょうせん》はまだまだつづきます。

2021年12月にオープンした、ダイバーシティキャリアセンター。

冒険遊び場《ぼうけん》・居場所運営《いばしょうんえい》ボランティア

遊びを通して出会った子どもとつながりつづける

ゆめ・まち・ねっと

町なかに住む子どものための、野外で自由に遊べる場所があります。おもに公園などの場を使って、地域《ちいき》の市民が中心となって運営《うんえい》を行うもので、冒険《ぼうけん》遊び場またはプレーパークとよばれます。静岡県富士市《ふじし》で、個性的《こせいてき》な冒険遊び場を開いている「ゆめ・まち・ねっと」の活動を紹介《しょうかい》します。

一人《ひとり》一人にかかわりたくて

ゆめ・まち・ねっとは、静岡県富士市《ふじし》で「冒険《ぼうけん》遊び場たごっこパーク」や、はば広い年代の子どもたちの居場所《いばしょ》「子どものたまり場おもしろ荘《そう》」を運営《うんえい》する団体《だんたい》です。団体といっても、ほぼすべての活動を渡部達也《わたなべたつや》さんと渡部美樹《みき》さんの夫婦《ふうふ》2人《ふたり》がになっています。

ゆめ・まち・ねっとを立ちあげる前、達也さんは静岡県庁《けんちょう》につとめ、大きな県立公園をつくる計画や、県がもよおすスポーツ大会の広報《こうほう》などにたずさわっていました。それぞれやりがいのある仕事でしたが、達也さんは県庁の職員《しょくいん》としてとりくむ行政《ぎょうせい》の仕事に限界《げんかい》を感じていました。

達也さんは、もともと子どもがいきいきとすごせる地域《ちいき》をつくることに関心をもち、仕事のかたわら冒険遊び場を広めるボランティア活動もしていました。行政は、より多くの人が望むことを実現《じつげん》する仕事です。子ども一人《ひとり》一人の思いを受けとめてもっとかかわるためには、県の職員としてよりも、市民の立場で活動したい。そう考えた達也さんは仕事をやめ、看護師《かんごし》をしていた妻《つま》の美樹さんとともにゆめ・まち・ねっとをつ

団体《だんたい》データ

団《だん》体《たい》名《めい》称《しょう》	NPO 法人 ゆめ・まち・ねっと
設《せつ》　立《りつ》	2004 年（同時に NPO 法人化）
所《しょ》 在《ざい》 地《ち》	静岡県富士市国久保《ふじしくにくぼ》 1-7-15
電《でん》　話《わ》	0545-52-3175
メ ー ル	yume-machi-net@r5.dion.ne.jp
ホームページ	http://yumemachinet.web.fc2.com/

くりました。2004年のことです。1998年にNPO法人制度《せいど》ができ、市民活動をNPO法人として専業《せんぎょう》で行う人がふえてきたことも後おしになりました。

ある日のたごっこパーク。ドラム缶《かん》でお風呂《ふろ》をわかし、頭から湯をかぶります。中央に立っているのが美樹《みき》さん。

子どもが集まる場所をつくる

はじめにとりくんだのが、いまも活動の柱の一つになっている「冒険《ぼうけん》遊び場たごっこパーク」です。2004年の年末からお正月にかけての8日間連続で遊び場を開くというスタートでした。現在《げんざい》は、駿河湾《するがわん》に面する田子《たご》の浦《うら》の近く、富士川《ふじかわ》の支流《しりゅう》が流れる公園で、1週間おきの土曜・日曜に開いています。たごっこの「たご」は、田子の浦の「たご」です。

午前10時に、達也《たつや》さんと美樹《みき》さんが、公園の倉庫から遊び道具を出します。そのときには子どもたちがすでに集まっていて、道具を運んだり、小さな駄菓子屋《だがしや》さんを設置《せっち》したり、たき火をおこしたりするのを手伝《てつだ》ってくれます。あとは午後6時まで、川に飛びこんだり、どろんこになったり、木のぼりをしたり、ひみつ基地《きち》をつくったり、ドラム缶《かん》のお風呂《ふろ》に入ったり、子どもたちは思い思いにすごします。

達也さんは「たっちゃん」、美樹さんは「みっきぃ」とよばれています。遊びに直接《ちょくせつ》かかわることはほとんどなく、子どものあいだで遊びが生まれる瞬間《しゅんかん》や、それぞれの心の動きを、さりげなく見まもっています。そのうち、遊びからふっとはなれた子どもがやってきて「みっきぃ、あのね」と心のうちをつぶやきます。そんなたくさんのつぶやきを聞くうちに、子どもがかかえるこまりごとや生きづらさをへらすさまざまな手助けも、いまでは活

事務局長《じむきょくちょう》の渡部美樹《わたなべみき》さんに聞きました

高校卒業後、イギリスでの留学中《りゅうがくちゅう》に、あらためてマザー・テレサの志《こころざし》にふれたことで看護師《かんごし》をめざしました。冒険《ぼうけん》遊び場を知ったのは、看護師をしながら子育てをするようになって、わたしの子どものころはあたりまえだった野外での遊びの場がないことに気づいたのがきっかけです。子どもたちにみちびかれて、子どもが必要としているものは何かを考え、活動を積みあげてきました。これからも小さな声を受けとめていきたいです。

動の大きな柱になっています。

たごっこパークは参加費《さんかひ》が無料で、保護者《ほごしゃ》の申しこみもつきそいもいりません。決まったプログラムがないので、集団《しゅうだん》行動が苦手でも楽しめます。そんなたごっこパークは、家に帰りたくない子、心身や発達の障《しょう》がいによって、なじめる場の少ない子など、さまざまな事情《じじょう》のある子どもが集まれる場所になっていきました。

同年代やちがう世代の子どもと自由に遊ぶなかで、子どもの得意《とくい》なことや長所が表に出てきます。子ども本人も保護者も気づかないそれぞれのいいところをのばしていけるのも、遊びの大きな力です。また、達也《たつや》さん、美樹《みき》さん以外のスタッフやボランティアなどの人手はあえてふやさないようにしています。おとなが手助けすることで、子どもがくふうしたり、しぜんに助けあったりする機会をうばってしまうことがあるからです。

ボランティアの声

福岡広充《ふくおかひろみつ》さん

東日本大震災《だいしんさい》で、ボランティアの人たちが活動しているのを見たときから、自分も何かしたいと思っていました。数年後、図書館でたごっこパークのポスターを見て「ボランティアをさせてください」とたのみに行きました。こころよく受けいれてくれてうれしかったです。それから毎回参加して、子どもたちと遊んだり、好きな鉄道の話をしたり、日曜夕方には後かたづけをしたりして楽しくすごしています。たごっこパークは男の子も女の子もいっしょに遊べる、とてもすてきな場所だと思います。

たごっこパークのそばを流れる川に飛びこむ子どもたち。中学生も小学生もいっしょに遊びます。

つながりつづけるために

2011年から、学校帰りの子どもが立ちよりやすい場所にあき店舗《てんぽ》を借りて「子どものたまり場《ば》おもしろ荘《そう》」をはじめました。こちらも参《さん》加費《かひ》無料、保護者《ほごしゃ》の申しこみ不要です。放課後から夕方までは子どもたち、夕方から夜には中学・高校生やはたらきはじめた若者《わかもの》が集まります。2015年には同じ場所で食事ができる「0円こども食堂《しょくどう》」もスタートしました。土曜・日曜に開かれる野外のたごっこパーク、平日に開かれる室内のおもしろ荘と、事情《じじょう》に合わせて子どもたちが顔を出せるようにしています。

たごっこパークにもおもしろ荘にも、小学生のころ通いはじめた子どもが、中学生、高校生になってもやってきます。これは遊びを中心とする場所ではとてもめずらしいことです。スタートから17年がたち、なかにはお父《とう》さんお母《かあ》さんになって、自分の子どもを連れてくる人もいます。

2人《ふたり》はことさらに、中学・高校生を引きつけるような活動をしているわけではありません。ただ、遊ぶために集まってきた子どもたちに、何かをおしつけたり教えたりして「ウザい」存在《そんざい》にならないよう細心の注意をはらっています。子どもにとって心を開けない相手になってしまったら、そこで関係がとぎれ、彼《かれ》らが助けを必要としているときにかかわることができなくなるからです。

美樹《みき》さんは地域《ちいき》の民生委員・児童委員をつとめています。地域で孤立《こりつ》してこまっている人を支援《しえん》につなぐ、ゆめ・まち・ねっとの活動と重なる部分が多い役割《やくわり》です。また2人は、保護者のもとでくらせない子どもをあずかる里親のなかでも、虐待《ぎゃくたい》や非行《ひこう》などの問題がある子どもをあずかることができる専門《せんもん》里親でもあります。そんな2人の活動を、多くの人が応援《おうえん》しています。募金《ぼきん》におうじるだけでなく、食べものや生活用品の寄付《きふ》でくらしもささえてくれているのです。あたたかいはげましを受けて、2人は毎日活動をつづけています。

ボランティアの声

望月《もちづき》佑《ゆう》哉《や》さん

パークに行きはじめたのは小学2年生のときです。中学校に入って、学校に行けなくなっていたときも、パークには変わらず通っていました。時間にしばられず、ゆっくりくつろげる場所です。最近はたき火をかこんでお母《かあ》さんたちの話を聞いたり、飛びかかってくる子どもたちの相手をしたりしています。パークにいるお兄《にい》さんって感じです。

夜の「子どものたまり場《ば》おもしろ荘《そう》」。若者《わかもの》たちがくつろいでおしゃべりできる場です。左おくの2人は、「0円こども食堂《しょくどう》」のボランティアです。

第2章

障《しょう》がい者をささえる

「障《しょう》がい」は どこにあるのか

「障《しょう》がい者」「障がい」ということばを知らない人はいないでしょう。しかし、その意味を考えたことがあるでしょうか。

法律《ほうりつ》で、障がいには身体障がい、知的障がい、精《せい》神《しん》障がいの三つと、そのほかの心身の機能《きのう》の障がいが広くふくまれること、そして障がい者とはただその障がいがあるだけでなく、それらによって「社会生活に相当な制限《せいげん》を受けている」人だと定められています。さらに、その制限の原因《げんいん》は障がいだけでなく「社会的障壁《しょうへき》」にもあることがしめされています。

障がいのない人なら得《え》られる体験が、設備《せつび》やサービスの不備《ふび》で得られないこともあります。また、障がいのある人を助ける制度《せいど》があっても、その制度のすきまで必要なサービスを受けられない人がいます。市民の手でそのような「社会的障壁」をなくすこころみが、ボランティアの現場《げんば》でつづけられています。

大阪府寝屋川市《ねやがわし》で、24 時間の介護《かいご》サービスを受けながら一人《ひとり》ぐらしをする多久寛子《たくひろこ》さん（右）。重度の知的障《しょう》がいと行動障がいがある多久さんは、一人ぐらしをはじめてもう 10 年になります。

© NPO 法人 寝屋川市民たすけあいの会

在宅介護《ざいたくかいご》・地域《ちいき》生活支援《しえん》ボランティア

身近な「たすけあい」をネットワークに広げる

寝屋川市民《ねやがわしみん》たすけあいの会《かい》

地域《ちいき》で高齢者《こうれいしゃ》や障《しょう》がい者のケアをになう「地域ケア」や、専門《せんもん》機関と民間をつなぐネットワーク、高齢者の介護保険制度《かいごほけんせいど》、障がい者支援《しえん》を総合的《そうごうてき》に定める法律《ほうりつ》の制定《せいてい》など、地域福祉《ふくし》のしくみは少しずつ充実《じゅうじつ》してきました。いっぽうで、それらがまだないころから、市民の手で福祉を進めてきた団体《だんたい》があります。大阪府寝屋川市《ねやがわし》で活動する「寝屋川市民《ねやがわしみん》たすけあいの会《かい》」です。

市民がはじめた障《しょう》がい者支援《しえん》

寝屋川市民《ねやがわしみん》たすけあいの会《かい》の活動は、1970年代、重度障《しょう》がいのある子どもの家庭へのボランティア派遣《はけん》からはじまりました。大阪には、当時まだめずらしかったボランティアセンターがあり、しかも民間の手で運営《うんえい》されていました。そこに、地域《ちいき》の問題を住民の手で解決《かいけつ》していきたいと考えるボランティアの人たちがいました。重い障がいのある子どもとその家族を手助けする活動がはじまったのです。

そのうち、小さなグループどうしが連絡《れんらく》をとり、勉強会や会合を開くようになりました。集まれる場所として「たすけあいホーム」という拠点《きょてん》をつくり、たすけあいの会となったのが1978年です。

精神《せいしん》障がいで入退院《にゅうたいいん》をくりかえし、赤ちゃんを乳児院《にゅうじいん》にあずけている女性《じょせい》や、一人《ひとり》ぐらしでねたきりの高齢者《こうれいしゃ》女性など、問題をすぐには解決できない深刻《しんこく》な事例にも出会うようになりました。当時、障がい者や高齢者のケアを地域でになう地域ケア、専門家《せんもんか》や関係施《し》

団体《だんたい》データ

団《だん》体《たい》名《めい》称《しょう》	NPO法人 寝屋川市民《ねやがわしみん》たすけあいの会《かい》
設《せつ》立《りつ》	1978年（2001年に活動の一部をNPO法人化、2010年にNPO法人に一本化）
所《しょ》在《ざい》地《ち》	大阪府寝屋川市長栄寺町《ねやがわしちょうえいじちょう》5-1
電《でん》話《わ》	072-826-4655
ファクス	072-838-8032
ホームページ	http://neyagawatasukeai.org/

設《せつ》とのネットワークづくりなど、いまは主流になっている考えかたのほとんどがまだ定着していませんでした。さまざまな事例にボランタリー（自発的）に向き合うなかで、いろいろな人に力を借りる地域ケアのネットワークづくりを進めていったのです。

現在《げんざい》は事務局長《じむきょくちょう》をつとめる冨田昌吾《とみたしょうご》さんが、会に加わったのは1992年。活動に参加していた福祉《ふくし》の専門家が、転勤《てんきん》によって会をはなれたことから、ボランティアだけで自主的に運営《うんえい》をはじめた時期にあたります。

1995年、阪神《はんしん》・淡路大震災《あわじだいしんさい》が起こりました。会が訪問《ほうもん》活動をしている高齢者施設の若《わか》い職《しょく》員《いん》が被災地《ひさいち》に向かうと聞き、冨田さんたちは寝屋川市《ねやがわし》の市民会館を借りてイベントを開くことにしました。

事務局長《じむきょくちょう》の冨田昌吾《とみたしょうご》さんに聞きました

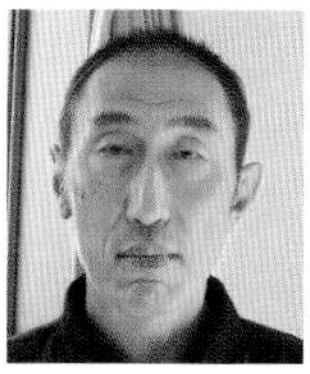

古い建てものを長年使いながら、小さな所帯で活動をつづけてきました。アナログな活動に見えますが、じつは視線《しせん》入力装置《そうち》や、ボタンをおしたら声が出る携《けい》帯用《たいよう》会話補助《ほじょ》装置など、デジタルの道具も早くから活用しているんですよ。コロナ禍《か》がはじまってすぐ、オンライン会議を導入《どうにゅう》しました。ボランティア団体《だんたい》としての歴史《れきし》と、新たな制度《せいど》の活用、そして、また新しいとりくみとのバランスをとりながら、地域《ちいき》のなかでこの会にしかできない役割《やくわり》を果たしていきたいですね。

地域から出演《しゅつえん》したい個人《こじん》や団体《だんたい》をつのり、参加費《さんかひ》をはらってもらいました。同時に近くの会場で、環境《かんきょう》団体や福祉団体を集めたバザーを行いました。こちらも出店料を集め、バザーの収益《しゅうえき》は各団体のもちかえりです。チャリティーイベントではありますが、出演者《しゅつえんしゃ》と出展者《しゅってんしゃ》のそれぞれに得《え》るものがあるしくみです。なんと1日で数百万円が集まり、義援金《ぎえんきん》として被災地にとどけてもらうことができました。さらに、車いすユーザーや高齢者《こうれいしゃ》も参加しやすいよう、会場の準備《じゅんび》にも気を配りました。

このようなイベントを通して、会に若いメンバーがふえました。新たな団体とのつながりもふえました。「あそこに話せば何かおもしろくて、人のためになることができる」という信頼《しんらい》をつくることができたのです。

2006年ごろの日中活動の場「ぽちぽちはうす」。バレンタインのイベントで、みんなでパフェをつくりました。

当事者にみちびかれて

会がはじまったころから活動によく参加していた、重度知的障《しょう》がいのある女の子がいました。多久寛子《たくひろこ》さんです。多久さんはお母《かあ》さんとの二人《ふたり》ぐらしでした。

彼女《かのじょ》が20歳《さい》をすぎ、通っていた作業所を

スタッフの声

共同代表理事　中務飛鳥《なかつかあすか》さん

知りあいを介《かい》して会の活動に参加するようになりました。さまざまな人と出会ってきました。会の活動に参加しつづけるようになって、さまざまな人との出会いをつくりたいと思うようになりました。そのときそのときを大事に、おたがいを大切に、出会いをつむいでいきたいと思っています。

修了《しゅうりょう》して、日中をすごせる場所がなくなってしまいました。お母《かあ》さんから「会で作業所をつくってほしい」と相談があったことから、重度障《しょう》がいのある人の作業所と、中途《ちゅうと》障がい*がある人と高齢者《こうれいしゃ》の行き場をかねた「ぼちぼちはうす」がスタートしました。2000年のことです。

ぼちぼちはうすは公的な補助《ほじょ》は何も受けずにはじまりましたが、会の活動を追いかけるように市の補助制度《せいど》ができました。しかし2006年、障がい者支援を定める法律が変わったことで活動に合う制度がなくなり、存続《そんぞく》の危機《きき》をむかえます。多久《たく》さんのお母さんをはじめとする強い要望にこたえ、ほかの制度を活用してなんとかつづけていくことになりました。

2011年、多久さんのお母さんが突然《とつぜん》なくなってしまいます。会にどんどん要望を出し、たくさんの問題に気づかせてくれた多久さんのお母さんは、会にとっても大切な存在《そんざい》でした。

残された多久さんは、重度知的障がいと行動障がいがあり、なじみのある環境《かんきょう》から引きはなすと平穏《へいおん》にはくらせません。何より、多久さんの

「ぼちぼちはうす」の建てものが2018年の台風でこわれてしまい、新しい建てものが2021年に完成しました。

ぼちぼちはうすの日中活動。ボッチャの球を使ったゲームで遊びます。

*病気や事故《じこ》などによって、人生の途中《とちゅう》で生《しょう》じた障《しょう》がい。

お母さんが、小さいころから住みなれた寝屋川でくらしつづけさせたいと望んでいました。そして、多久さんもそれを望んでいるはずだと、会のスタッフは確信していました。

会で介護《かいご》の態勢《たいせい》を整え、多久さんは一人《ひとり》ぐらしをはじめました。24時間の在宅《ざいたく》介護を受けて一人ぐらしをする例はほかにもありますが、多久さんのように自分でヘルパーに指示《しじ》を出せない人の例はほとんどありません。それでも、小さな問題が起きてはそれを解決《かいけつ》することをくりかえしながら、多久さんは一人ぐらしを楽しんでいます。

学生ボランティアの声

正垣雄磨《しょうがきゆうま》さん

大学の教育学部で学んでいますが、コロナ禍《か》で介護施設《かいごしせつ》の実習がなくなり、母に相談してこの会を紹介《しょうかい》してもらいました。ぼちぼちはうすにボランティアとして入るときは、その日の予定はほんとうに何もなくて、利用者の人と体操《たいそう》したり、ごはんを食べたり遊んだり、とにかくいっしょにすごしています。小さな発見が毎日できるので、それを見のがしたくない気持ちで通っています。

地域《ちいき》のすきまをうめていく

このように、会の活動は、公的な制度《せいど》や民間の助成も活用し、一部は福祉《ふくし》事業として運営《うんえい》する方向に変わってきました。在宅介護支援《ざいたくかいごしえん》や地域《ちいき》の相談を受けるなどの活動は、地域のボランティア活動としてつづけたり、市からの委託《いたく》を受けたりと、事例に合わせて対応《たいおう》を変えています。寝屋川市民《ねやがわしみん》たすけあいの会《かい》は小さな団体《だんたい》ですが、生きたネットワークをたもっているため、福祉制度というせまい範囲《はんい》にしばられず、さまざまなくらしの相談を受けることができます。これはとてもまれなことです。

コロナ禍《か》のなか、あまった食材などの寄付《きふ》を受けとり、必要な人はそこからとりだすことができるみんなの冷蔵庫《れいぞうこ》「寝屋川コミュニティフリッジ」をつくりました。ほかにも会の活動は細かく広い範囲《はんい》におよびます。共通するのは「すきまをうめる」ことです。

ほかではさまざまな事情《じじょう》で実現《じつげん》できないようなこと、しかし切実にもとめる人がいることが地域にあったら、寝屋川市民たすけあいの会の出番です。長年かけてつちかってきたネットワークの力で、会はいまも新たな課題に挑戦《ちょうせん》しつづけています。

一人《ひとり》ぐらしの自宅《じたく》で、ヘルパーとパズルを楽しむ多久寛子《たくひろこ》さん。

10 人や国の不平等をなくそう

パラスポーツ支援《しえん》ボランティア

心わきたつ体験を 障《しょう》がいのある子どもにも

D-SHiPS32《ディーシップスミニ》

パラリンピックを通して、パラスポーツ（障《しょう》がい者スポーツ）の種目や選手の活躍《かつやく》が知られるようになってきました。そのいっぽうで、パラスポーツができる施設《しせつ》はかぎられています。「D-SHiPS32《ディーシップスミニ》」は、障がいのある子どもたちが、パラスポーツをはじめあらゆる体験を楽しめる社会をめざし、活動する団体《だんたい》です。

障《しょう》がいのある子どもと家族のために

D-SHiPS32《ディーシップスミニ》の活動は、障《しょう》がいのある子どもをもつ親に向けた活動、子どもに向けた活動、社会に向けた活動の大きく三つに分かれます。

親に向けた活動の一つは「おやぽーと」です。障がいのある子どもをあずかってイベントを行い、親ときょうだいがゆっくりすごす時間をつくります。親はどうしても障がいのある子どもが気になってしまうため、「強制的《きょうせいてき》に」はなれてもらいます。さびしい思いをすることが多いきょうだいにとっては、親をひとりじめできる機会です。障がいのある子どもにとっては、じゅうぶん配慮《はいりょ》されたなかで遊べる楽しい一日です。

子どもに向けた活動の一つは「キャンプ」です。障がいのある子どものためのイベント、障がいのない子どものためのイベントはそれぞれありますが、いっしょに参加できるイベントはなかなかありません。また、障がいのある子どもとない子どものきょうだいがいる家庭が、家族みんなで参加できるイベントも少ないのです。自然ゆたかな長野県東御市《とうみし》で、車いすでも入れる田んぼでどろんこ遊びをしたり、流しそうめんをしたり、障

団体《だんたい》データ

団《だん》体《たい》名《めい》称《しょう》　NPO 法人 D-SHiPS32《ディーシップスミニ》
設《せつ》　立《りつ》　2014 年（同時にNPO法人化）
ホームページ　https://d-ships32.com/

がいのある子どももない子どもも区別なく楽しみます。

社会に向けた活動には、パラスポーツの器具をかしだすサービス「カリスポ」があります。たとえば、日常《にちじょう》生活で使う車いすと、スポーツで使える車いすは機能《きのう》がちがいます。さらに、スポーツ用の車いすはより体に合ったものを使う必要があるので、成長期に買いかえていくのもたいへんです。そこで、スポーツ用の車いすを、個人《こじん》なら1か月ごと、パラスポーツのイベントのためなら1日ごとの料金でかしだすサービスをはじめました。

スポーツ用の車いすは、いたんだり故障《こしょう》したりすることが多いので、義肢《ぎし》や車いすの整備《せいび》を学ぶ専門《せんもん》学校と提携《ていけい》を結び、メンテナンスをしてもらっています。

これらの活動は、D-SHiPS32を立ちあげ、現在《げんざい》は理事長をつとめる上原大祐《うえはらだいすけ》さんが感じたこと、経験《けいけん》したことから生まれています。

理事長の上原大祐《うえはらだいすけ》さんに聞きました

選手としてプレーしていたころから、社会にある課題を解決《かいけつ》することに興味《きょうみ》がありましたし、やりかたを論理的《ろんりてき》に考えて改善《かいぜん》していくのも得意《とくい》だったんです。アメリカのチームにいたとき、障《しょう》がいのある子どもたちが楽しそうにホッケーをするすがたに衝撃《しょうげき》を受けました。これを日本でも実現《じつげん》したいと強く思い、そのために何ができるかを考えたことが、いまの活動につながっていますね。

子どもだった自分が願っていたことを

上原《うえはら》さんは、パラリンピックに3度出場したパラアイスホッケー（アイススレッジホッケー）選手です。2度めに出場した2010年のバンクーバー大会で銀メダルを獲得《かくとく》したあと、アメリカ留学《りゅうがく》とアメリカのチームでのプレーをへて、2014年にいったん引退《いんたい》します。そのとき現在《げんざい》につづく活動をはじめたのです。

2014年、岡山のスケートリンクで行われたパラアイスホッケーの体験会。上原《うえはら》さん（左）がそり（スレッジ）とスティックの使いかたを教えています。

最初にとりくんだのは、上原さんのおじいさんの田んぼがある長野県東御市《とうみし》での古民家再生《さいせい》・農業体験プロジェクトでした。このこころみが「キャンプ」の活動につながっています。その後、ごみ拾いをスポーツにし

ボランティアの声

スナック都《と》ろ美《み》
永峰玲子《ながみねれいこ》さん（れいこママ）
加藤《かとう》さくらさん（さくらママ）

食べものを飲みこむのがむずかしい「嚥下障《えんげしょう》がい」があると、毎日の食事のたびに介助《かいじょ》が必要なことが多く、食べものには飲みこみやすいよう「とろみ」をつけたりとくふうがいります。そこで、D-SHiPS32《ディーシップスミニ》の力を借りて、嚥下障がいの子をもつ親どうしが便利な道具や食品の情報《じょうほう》を共有したり、ぐちをこぼしあったりする仮想《かそう》のお店「スナック都《と》ろ美《み》」をつくりました。コロナ禍《か》もあってオンラインでの開催《かいさい》ですが、楽しい時間をすごしています。

左かられいこママ、娘《むすめ》のかのんちゃん、さくらママ、娘のまこちゃん。

「車いすスポGOMI《ごみ》」イベントの様子。車いすに乗ってごみ拾いを競いながら、町にあるたくさんの障《しょう》がい物に気づくのも目的の一つです。

た「スポGOMI《ごみ》」を車いすで行う「車いすスポGOMI」、「おやぽーと」、パラスポーツ体験会などの企画《きかく》を次つぎと実現《じつげん》していきました。

上原さんは「子どもたちが楽しくすごす」ことを軸《じく》にして、そのために何ができるかから発想しています。生まれつき障《しょう》がいのある上原さんが、5歳《さい》のとき、10歳のときいやだと感じていた「障がいがあるからできないこと」を、次の世代に残すほどむだなことはないと考えているのです。

活動をはじめるときには、まず仲間づくりをします。声をかけてきてくれた機会をのがさず、また自分からもはたらきかけます。思いを共有していっしょに動いてくれる人ができたら、活動はどんどん進んでいきます。

学生たちとつくる「パラ大学祭」

上原《うえはら》さんがそのエネルギーで活動にまきこんだ人の1人《ひとり》が、竹内秀太《たけうちしゅうた》さんです。竹内さんが中学生のとき、パラアイスホッケーの現《げん》役《えき》選手だった上原さんが学校をおとずれ、講《こう》演《えん》を行いました。竹内さんは高校からカナダにアイスホッケー留学《りゅうがく》をしますが、ちょうどそのとき、活躍《かつやく》する上原さんをテレビで目にします。2010年のパラリンピックバンクーバー大会です。その後、日本で就職《しゅうしょく》した竹内さんは、ふと上原さんのことを思いだして近《きん》況《きょう》を調べました。すると、なんと竹内さんの家のすぐ近くで、しかも翌日《よくじつ》にチャリティーバーベキューを開くというのです。中学校での出会いから10年以上たって、上原さんと竹内さんの道が重なりました。バーベキューにやってきた竹内さんを、上原さんはすかさず活動にさそいました。

竹内さんは現在《げんざい》、仕事のかたわら、大学生が主体となって各大学でパラスポーツ競技会《きょうぎかい》を運営《うんえい》する「パラ大学祭」のプロジェクトリーダーをつとめています。大学生と、協力企業《きぎょう》や行政《ぎょうせい》の担当者《たんとうしゃ》とのあいだに入り、社会人の立場からサポートします。

スポーツは好きでも、パラスポーツにはそれほど関心がなかった竹内さんですが、体験してみて、おもしろさとむずかしさにおどろきました。スタッフの学生たちがつくるネットワークの力や、ゆたかな行動力と発信力にも刺激《しげき》を受けています。

D-SHiPS32《ディーシップスミニ》はほかにも、日本各地の自治体と協力し「パラスポーツ大会」を開いています。障《しょう》がいをもつ子どもがスポーツを日常的《にちじょうてき》に楽しめる環境《かんきょう》をつくるには、パラスポーツを知り、プレーする人をふやすのがいちばんだからです。

上原さんとD-SHiPS32は、たくさんの仲間をまきこみ、味方をふやしながら、これからも進んでいきます。

学生ボランティアの声

山田明日香《やまだあすか》さん

子どものころからオリンピック・パラリンピックが大好きで、大学生になってからは東京大会をもりあげようと活動していました。「パラ大学祭」のスタートから運営《うんえい》に参加し、関西で行われた第3回と第5回には学生代表としてかかわりました。わたしもそうでしたが、パラスポーツに最初から親しみを感じている学生はまだ少ないと思うので、まずは一度楽しんで体験してもらうことをめざしてくふうしました。コロナ禍《か》でも、開会式での演奏《えんそう》やTシャツのイラストなど、みんながそれぞれの強みを集結させて、一つの大会をつくりあげることができました。

2021年に東京で行われた「第4回パラ大学祭@関東」の様子。大学ごとにチームをつくり、パラスポーツを体験します。

第3章

高齢者《こうれいしゃ》をささえる

2000年に、65歳《さい》以上の高齢者《こうれいしゃ》と、40～64歳の特定の病気をもつ人が、少ない負担《ふたん》で介護《かいご》や支援《しえん》を受けられる介護保険制度《ほけんせいど》がはじまりました。65歳以上の人のうち、介護または支援が必要だと認定《にんてい》されている人の数は、現在《げんざい》656万人にのぼります（厚生《こうせい》労働省「令和元年度　介護保険事業状況報告《じょうきょうほうこく》」より）。

生きがいをもって生きること

まずは、必要な人がじゅうぶんな介護を受けられることが大切です。それとともに、介護が必要になるまでの時間をのばすことは、社会にとってだけでなく、高齢者自身にとっても切実な願いです。そのために、高齢者が楽しんで体を動かしたり、社会に参加できたり、自分の力で人の役にたてたりする場がもとめられているのです。ボランティア活動は高齢者にとって、介護予防《よぼう》のサービスと活躍《かつやく》の場の両方を得られる機会といえます。

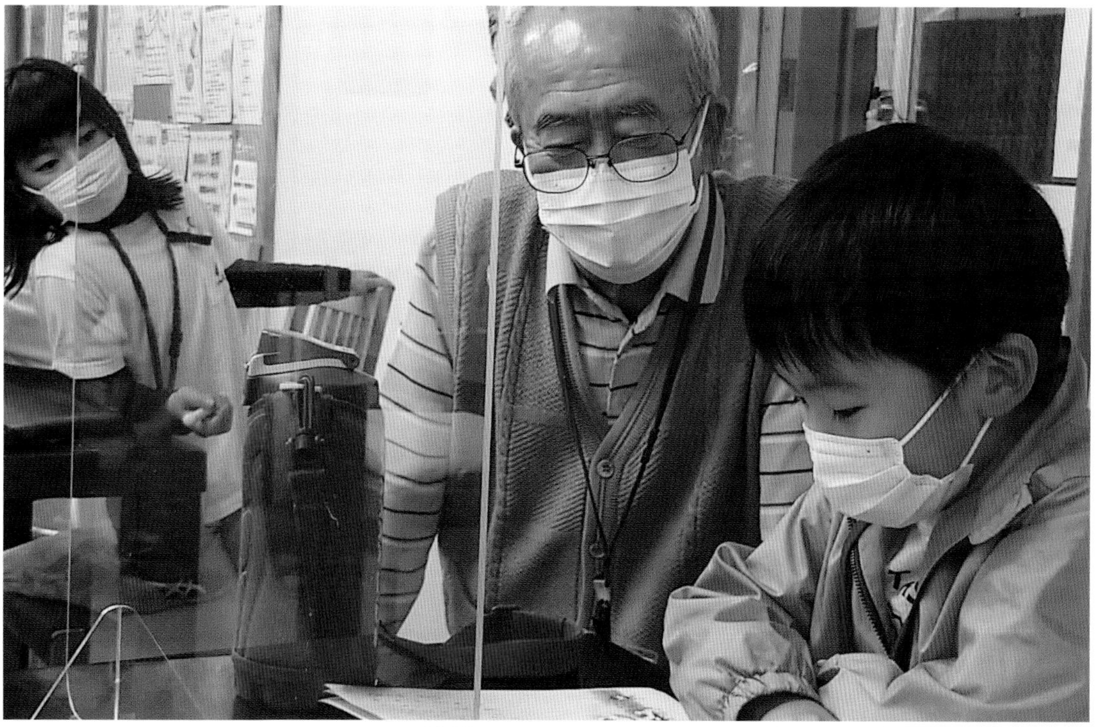

神奈川県横浜市《よこはまし》にある「コミュニティーカフェ 夢《ムー》みん」。高齢者《こうれいしゃ》ボランティアの見まもるなかで子どもたちが勉強する「楽習《がくしゅう》ルーム」が開かれています。

3 すべての人に健康と福祉を

11 住み続けられるまちづくりを

居場所運営《いばしょうんえい》ボランティア

年をとっても住みやすい地域《ちいき》を住民の手でつくる

いこいの家《いえ》 夢《ムー》みん

1960 年代ごろから、広い敷地《しきち》に集合住宅《じゅうたく》を集めた「団地《だんち》」が、日本各地に次つぎとつくられました。団地にはそのときどきの若《わか》い世代、子育て世代がうつりすむため、住民の年齢《ねんれい》がかたより、高齢化《こうれいか》とともにさまざまな課題が生まれています。もともと住民運動がさかんだった横浜市《よこはまし》のドリームハイツでは、住民自身の力で高齢化を乗りこえる活動が早くからはじまりました。

住民が主体のまち、ドリームハイツ

神奈川県横浜市《よこはまし》の西のはし、藤沢市《ふじさわし》ととなりあう高台に、団地《だんち》「ドリームハイツ」があります。県営《けんえい》と市営《しえい》をあわせて 23 棟《とう》、合計約 2300 戸分のマンションが建ちならぶ巨大《きょだい》団地です。

1972年に入居《にゅうきょ》がはじまり、この地域《ちいき》に住む人がいっきにふえました。しかし、行政《ぎょうせい》サービスの整備《せいび》がそれに追いつきません。子育てをする年《ねん》齢《れい》の人が多いのに、幼稚園《ようちえん》は地域に 1 つしかありませんでした。ドリームハイツはどの駅からも遠く、ほかの幼稚園に行くこともできません。

入園の申しこみをするのに徹夜《てつや》でならばなければいけないような状況《じょうきょう》でした。親たちは話しあい、自分たちで幼稚園をつくろうと、自主保育《ほいく》の幼児《ようじ》教室をはじめました。

このような活動をきっかけに、ドリームハイツでは、住民の手で必要なサービスを生みだす気質《きしつ》が育っていきました。

幼稚園をつくる運動から 20年ほどがたっ

団体《だんたい》データ

団《だん》体《たい》名《めい》称《しょう》	NPO 法人 いこいの家《いえ》 夢《ムー》みん
設《せつ》　　立《りつ》	2000 年（同時に NPO 法人化）
所《しょ》　在《ざい》　地《ち》	神奈川県横浜市《よこはまし》戸塚区《とつかく》保野町《またのちょう》 1404-6
電《でん》　　話《わ》	045-853-0480
ファクス	045-853-0480
ホームページ	http://www.drsansan.jp/?page_id=22

たとき、かつての親たちは、年をとった自分の親の介護《かいご》に直面しました。ドリームハイツには長く住みつづける人が多く、住民があまり入れかわりません。自分たちもここで年をとることを考えると、高齢者《こうれいしゃ》が必要とするものはなんなのか、考えて準備《じゅんび》しておく必要がありました。

そこで、年をとっていちばん苦労するのは食事の用意だろうと「ドリーム地域給食の会」をはじめました。団地の集会所に集まってみんなで食事をし、来るのがむずかしい人には手わけして弁当《べんとう》をとどけます。食事会は歌ったりおしゃべりしたりの楽しい場になりました。いっぽうで、弁当をとどけてもらうときだけが人と話せる機会だと、配達を心まちにしている人も少なくありませんでした。住民が孤立《こりつ》しつつある現状《げんじょう》が見えてきたのです。

いつでもおしゃべりできる場所がほしい

1995年に準備会《じゅんびかい》をつくり、住民のアンケート調査《ちょうさ》をしました。その結果「住民が歩いて行ける場所に、気軽におしゃべりできる場所をつくる」という方針《ほうしん》がまとまりました。引っこす予定のある住民がいたので、そのドリームハイツの1室を借りて「いこいの家《いえ》 夢《ムー》みん」がスタートしたのが1996年です。翌年《よくねん》には部屋《へや》の持ち主の希望で、銀行からの借りいれや寄付《きふ》をかきあつめて資金《しきん》をつくり、部屋を買いとりました。

2000年ごろから高齢者《こうれいしゃ》が介護《かいご》を受ける状態《じょうたい》になるのをふせぐ「介護予防《よぼう》」という考えかたが広がってきました。それにともない、高齢者が体を動かすプログラムを行ったり、介護予防の知識《ちしき》を教えたりする事業に、市町

横浜市《よこはまし》戸塚区《とつかく》にあるドリームハイツ。団地《だんち》としては高層《こうそう》のマンションが、20棟《とう》以上ならんでいます。

現在《げんざい》の「コミュニティーカフェ 夢《ムー》みん」。

理事長の伊藤真知子《いとうまちこ》さんに聞きました

ドリームハイツは緑ゆたかな公園に面していて、わが家からはうつりかわる四季の景色《けしき》が楽しめます。一人《ひとり》ぐらしになっても、ここを終《つい》のすみかにしたいと思っている人がたくさんいます。わたしもその1人です。これからもできるかぎり活動をつづけ、若《わか》い人に引きついでいきたいと思います。

ボランティアの声

馬場《ばば》 薫《かおる》さん

おもにカフェで水曜日の担当《たんとう》をしています。利用者の方には画家や海外に長くくらした人など、おもしろい経歴《けいれき》の人がたくさんいて、感心しながらお話を聞いています。ふるさとの話ももりあがりますね。カフェにいると、人の話す声や赤ちゃんの泣き声などでずっとにぎやかで、元気が出ます。

村からお金が出るようになったのです。「夢《ムー》みん」の活動と目的は同じですし、利用者だけでなく、スタッフにとっても、活動がそのまま介護予防《かいごよぼう》のようなものです。横浜市《よこはまし》や戸塚《とつか》区《く》の事業を受託《じゅたく》することで、「夢《ムー》みん」で行われるプログラムがどんどんふえ、スタッフをふくめた入室者数は年間7000人をこえるようになりました。

人の出入りがこれだけふえてしまうと、団《だん》地《ち》の1室で活動をつづけるのはもう限界《げんかい》でした。2014年には、18年間活動した部屋《へや》をはなれ、ドリームハイツの敷地《しきち》に面したあき店舗《てんぽ》に場所をうつしました。「コミュニティーカフェ 夢《ムー》みん」のスタートです。

多世代が交流できるサロンへ

場所をうつしたことで、活動のはばが大きく広がりました。いちばん大きな変化は、高齢者《こうれいしゃ》と障《しょう》がい者限定《げんてい》から、子どもをふくめた全世代が利用できるようになったことです。夜に、お酒を飲みながら地域《ちいき》の人の話を聞くイベントなども開けるようになりました。不便なのは、カフェに調理ができる設備《せつび》がないことです。ランチなどの食事をともなうプロ

「コミュニティーカフェ 夢《ムー》みん」のカフェタイム。利用者の会話にスタッフも加わって、話がはずみます。

グラムでは、ほかの場所で料理をつくって運んでいます。

2017年、居場所《いばしょ》づくりと並行《へいこう》して行っていた「ドリーム地域給食の会」と「ボランティアバンク・えん」の活動を「夢《ムー》みん」にまとめました。「えん」は、ドリームハイツの住民どうしが生活のこまりごとを助けあう生活支《し》援《えん》の活動です。自動車での送りむかえやごみ出しの代行がおもな内容《ないよう》です。また、希望する住民の家を定期的に見まわり、急に体調をくずしたりしたときのために家のかぎをあずかって、24時間SOSの電話に対応《たいおう》する「ドリームSOS」も運営《うんえい》しています。

最近では、2020年からはじまった新型《しんがた》コロナウイルス感染症《かんせんしょう》の流行が活動を直撃《ちょくげき》しました。感染予防対策《かんせんよぼうたいさく》のため、人気のプログラムだった「健康マージャン」は4人が1つの卓《たく》を囲《かこ》んで近づいてしまうため中止、合唱の時間はハミングになっています。プログラムの種類をへらしながらも、おとずれる利用者のためにカフェを開きつづけています。

ドリームハイツの入居《にゅうきょ》開始から50年、「夢みん」の活動開始から25年あまりがすぎました。住民に高齢者がしめる割合《わりあい》は50パーセントをこえています。カフェも生活支援も、サービスをする側と受ける側がまじりあいながらの活動ですが、生活支援ができるボランティアがへっているのがなやみの種です。カフェのスタッフや生活支援のボランティアには1回の活動あたり数百円をしはらっていますが、それでは若《わか》い人の参加はなかなか望めません。「夢みん」では、多世代交流が活発になることで、地域のために活動する若い人があらわれることを期待しています。

ドリームハイツでは、「夢みん」をはじめ多くの住民グループが活動しています。年月をへて強くなった住民どうしのつながりの力で、高齢者にとって、また住民みんなにとって住みやすいまちをめざします。

ボランティアの声

星野彩子《ほしのさいこ》さん

ドリームハイツの自治会で広《こう》報《ほう》の担当《たんとう》をしていました。前の代表の松本和子《まつもとかずこ》さんにさそわれたのが「夢《ムー》みん」での活動のきっかけです。昔から活動されている方がたのエネルギーにはいつも圧倒《あっとう》されます。父や母と同年代の利用者の方とお話ししていると、田舎《いなか》の父もこんなことを考えているのかなと思いうかべたりしますね。みなさんとても明るいので、こんなふうにわたしも年をとっていけたらと思います。

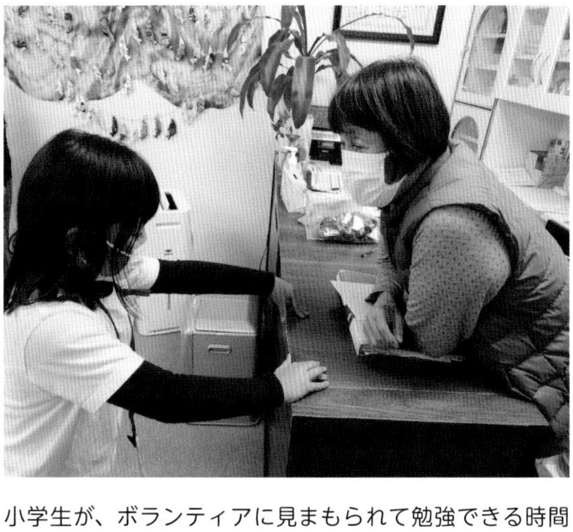

小学生が、ボランティアに見まもられて勉強できる時間「楽習《がくしゅう》ルーム」。声をかけあうかかわりが生まれます。

ICT学習・支援《しえん》ボランティア

ICTスキルを学びあい、知識《ちしき》と技術《ぎじゅつ》を地域《ちいき》に生かす

コミュニティNET《ネット》ひたち

年齢《ねんれい》にかかわらず、自分の意思で学びつづける「生涯《しょうがい》学習」は、高齢者《こうれいしゃ》の生活を充実《じゅうじつ》させる大切なものです。身につけた知識《ちしき》や技術《ぎじゅつ》を生かす場があれば、学ぶことにさらに手ごたえがまします。「コミュニティNET《ネット》ひたち」は、高齢者がICT（情報《じょうほう》通信技術《ぎじゅつ》）のスキルを学び、そのスキルを使って地域《ちいき》に役だつ活動ができる場です。

電機メーカーの地元で生まれた活動

コミュニティNET《ネット》ひたちは、ICTのスキルを地域《ちいき》で生かす活動を行っています。2002年にこの団体《だんたい》をつくったのは、電機メーカーである日立《ひたち》製作所《せいさくしょ》を退職《たいしょく》した人たちでした。団体が活動する茨城県日立市は、日立製作所の発祥《はっしょう》の地で、現在《げんざい》でも海ぞいに大きな事業所や工場があります。日立市には、日立製作所や関連会社につとめる人もたくさん住んでいます。コミュニティNETひたちが生まれたのは、退職者の人たちの「なじみ深い日立市で、自分たちの経験《けいけん》を生かして、地域の役にたつ活動がしたい」という思いからでした。

この活動のアイディアは、いくつかの条件《じょうけん》が重なって生まれました。まずは、1995年の「Windows95《ウインドウズ》」発売以降《いこう》、日本の家庭にパソコンとインターネットが定着したことです。せっかく買ったパソコンの使いかたを勉強したいと思う人が、高齢者《こうれいしゃ》をふくめてたく

団体《だんたい》データ

団《だん》体《たい》名《めい》称《しょう》	NPO法人 コミュニティNET《ネット》ひたち
設《せつ》　立《りつ》	2002年（同時にNPO法人化）
所《しょ》在《ざい》地《ち》	茨城県日立《ひたち》市《し》多賀《たが》町《ちょう》1-12-10 多賀《たが》農協《のうきょう》2階《かい》
電《でん》　話《わ》	0294-33-0015
ファクス	0294-33-0015
メール	master@cnet-hitachi.com
ホームページ	http://www.cnet-hitachi.com

さんいたのです。

もう一つの条件は、1998年にはじまったNPO法人制度《せいど》です。NPO法人制度は、社会に役だつ非営利《ひえいり》活動（もうけや利益《りえき》をもとめない活動）をする団体に、団体の名前で契《けい》約《やく》や取引ができる法人格《ほうじんかく》をあたえるものです。この制度によって、「何かやりたい」と思う人が、自分で団体をつくる選択《せんたく》をしやすくなりました。

コミュニティNET《ネット》ひたちの事務所《じむしょ》は、JR常陸多賀駅《ひたちたがえき》に近い、農協の建てものの2階にあります。

交流を大切に、楽しく学びあう

コミュニティNET《ネット》ひたちは、活動のはじまりから活動資金《しきん》を自力でかせぐことをめざしました。設立《せつりつ》2年めからは、団体《だんたい》の支出《ししゅつ》よりも収入《しゅうにゅう》が上まわる「黒字」となり、安定して活動がつづけられています。

現在《げんざい》の活動の中心は、事務所《じむしょ》で開かれる各種のパソコン講座《こうざ》です。2020年12月までの1年間で143の講座を開き、のべ619人が受講《じゅこう》しました。パソコン入門、スマートフォン講座、ワープロソフトや表計算ソフトの使いかた、高齢者《こうれいしゃ》向けと子ども向けそれぞれのプログラミングなどの講座を、受講生《じゅこうせい》のレベルごとにクラスを分けて開いています。

講師《こうし》は団体の会員であるボランティアで、現在20人ほどいます。活動のはじめのころは、ICTスキルをもつ人を対象《たいしょう》に講師を募集《ぼしゅう》していましたが、最近は受講生から講座のサポーターをへて講師になった人がほとんどです。講師になる人もいれば、講座で知りあいと話すのを楽しみに、何年も同じ講座を受けつづける人もいて、受講する人の目的はさまざまです。

また、日立市内《ひたちしない》にある茨城県県北生涯《しょうがい》学習センターには、講師を派遣《はけん》して講座を開いています。日立市がある茨城県北部には生涯

代表理事の久保《くぼ》 裕《ゆたか》さんに聞きました

コミュニティNET《ネット》ひたちは、もうすぐ設立《せつりつ》20周年をむかえます。80代のご夫婦《ふうふ》で「事務所《じむしょ》の階段《かいだん》を上がれなくなるまでは」とパソコン教室に通っておられる方もいます。技術《ぎじゅつ》を習得《しゅうとく》するのも大切ですが、ここでできるだけ長く、楽しい時間をすごしてもらいたいと思うようになりました。新たな事業を進めていくというよりは、現在《げんざい》行っている活動を大切にしてつづけていきたいと思います。

学習の施設《しせつ》が少なく、高齢者が学ぶ場をつくることはコミュニティ NET《ネット》ひたちの設立の目的の一つでした。県北生涯《しょうがい》学習センターには、2015 年の開館以来かかわっています。

子どもとかかわる活動に、2006 年からはじまった「パソコン探検少年団《たんけんしょうねんだん》」(2009 年 3 月までは「IT 探検少年団」) の運営《うんえい》があります。小学 5 年生から中学生に、パソコンの基礎《きそ》や活用、企業《きぎょう》見学などの体験活動を指導《しどう》します。

インターネット美術館《びじゅつかん》の運営《うんえい》・更新《こうしん》は、初期からつづいている活動です。日立市《ひたちし》が行っている日立市美術展《びじゅつてん》の出品作を、インターネット上に写真で公開します。展覧会《てんらんかい》に足を運べない人にも作品を見てもらう機会として、作品の出品者にとても喜《よろこ》ばれました。また、大きな絵画や書道の作品、彫刻《ちょうこく》や工芸品など、作品の写真を撮影《さつえい》するにはそれぞれくふうと技術《ぎじゅつ》が必要です。インターネット美術館をきっかけに、カメラが好きな会員が集まって、デジタル写真同好会が生まれました。このように、会員どうしのサークル活動もさかんです。

最新の ICT 技術に関する勉強会「パソコン技術交流会」も定期的に行っ

ボランティアの声

講師《こうし》　衣鳩新一《いばとしんいち》さん

同じ町内会の人から「最近パソコンの勉強をしてるんですよ」と聞いたのが、コミュニティNET《ネット》ひたちの活動を知ったきっかけです。県北生涯《しょうがい》学習センターで 1 年間講座運営《こうざうんえい》のボランティアをしてから、こちらの講師《こうし》になりました。システム設計《せっけい》の仕事をしていたので、基本的《きほんてき》な知識《ちしき》はありましたが、新しいサービスなどの情報《じょうほう》は積極的に集めるようにしています。退職《たいしょく》して家にいるだけではできなかった、地域《ちいき》の人づきあいが広がるのがありがたいですね。

「パソコン探検少年団《たんけんしょうねんだん》」の子どもたちに、ノートパソコンの解体《かいたい》・組みたて作業体験を指導《しどう》します。

事務所《じむしょ》でのパソコン講座《こうざ》。今日《きょう》のテーマは年賀状《ねんがじょう》づくりです。

ています。とくにICT技術にくわしい会員が、その会のテーマにそったレポートをつくって報《ほう》告《こく》します。毎回20人ほどが参加し、報告のあとの議論《ぎろん》もりあがります。

ICT技術《ぎじゅつ》の発展《はってん》とともに

2002年の団体設立《だんたいせつりつ》当時とくらべると、ICT技術《ぎじゅつ》をめぐる状況《じょうきょう》は大きく変わりました。新たなサービスやソフトウェアが次つぎと登場するいっぽうで、たとえばスマートフォンが普及《ふきゅう》し、操作《そうさ》がかんたんになった分セキュリティーのリスクは大きくなっています。コミュニティNET《ネット》ひたちでは、パソコンの修理《しゅうり》やトラブル相談の窓口《まどぐち》をもうけていますが、年を追うごとにトラブルの種類はふえています。今後このような変化がとまることはなく、技術はさらに発展《はってん》していくでしょう。また、行《ぎょう》政《せい》に関する手つづきがデジタル化され、インターネットに移行《いこう》しつつあります。「新しい技術はわからない」「もう自分はここまででいい」とは言っていられません。現在《げんざい》コミュニティNETひたちの代表理事をつとめる久保裕《くぼゆたか》さんは、高齢者《こうれいしゃ》がICTについて学べる場は今後さらにもとめられるようになると考えています。

また、最近は会社を退職《たいしょく》する年齢《ねんれい》がだんだん上がってきています。久保さんは、高齢者によゆうがなくなり、「社会の役にたちたい」と思える人が少なくなっているのではないかとも感じています。ただ、コミュニティNETひたちは、新たな情報《じょうほう》を得《え》たり、仲間と趣味《しゅみ》をきわめたりする楽しみの場でもあります。高齢者が好奇心《こうきしん》を失わず、いきいきとすごす地域《ちいき》をつくる起点として、コミュニティNETひたちはこれからも活動をつづけます。

ボランティアの声

講師《こうし》　村山尚子《むらやまなおこ》さん
広田和子《ひろたかずこ》さん

日立市立多賀《ひたちしりつたが》図書館の視聴覚《しちょうかく》センターで講師《こうし》をしていました。わたしは画像処理《がぞうしょり》が好きで、年賀状《ねんがじょう》や暑中見舞《みま》いのデザインの講座《こうざ》を担当《たんとう》していると、つい熱が入ってしまいます。作品ができあがって、生徒さんたちの目がかがやくのを見るのが楽しみです。(村山《むらやま》さん、写真左)

夫の会社から家にパソコンが送られてきて、どんどん興味《きょうみ》がわいて勉強をはじめました。教えかたをくふうして「わかった！」と言ってもらえると、何もわからずに自分で調べていたときの経験《けいけん》が役だっているなと思います。(広田《ひろた》さん、写真右)

事務所《じむしょ》の談話コーナーには、会員が担当《たんとう》を決めてお菓子《かし》を常備《じょうび》。「カフェCnet《シーネット》」とよばれています。

解説《かいせつ》

福祉《ふくし》とボランティア

1. 福祉制度《ふくしせいど》と、ボランティアの「先進性《せんしんせい》」
2. 市民運動が社会を動かす
3. ボランティアがほりおこす福祉の課題

1. 福祉制度《ふくしせいど》と、ボランティアの「先進性《せんしんせい》」

福祉《ふくし》のさまざまな施策《しさく》

「福祉《ふくし》」とはかんたんにいうと「幸せに、よりよく生きる」といった意味です。これをもう少し具体的に説明したことばが日本国憲法《けんぽう》第 25 条のなかにあります。「健康で文化的な最低限度《げんど》の生活」です。日本国民みんながこのような生活を送ることを、基本的人権《きほんてきじんけん》として保障《ほしょう》しているのです。福祉ということばは「だれもがこのような生活を送れるようにしよう」という考えかたと、そのために行われる施策《しさく》の両方をさします。

福祉のための公的な施策を、方法や対象《たいしょう》で分けると以下のようになります。これらの施策をひっくるめて「社会保障《ほしょう》」とよぶのが一般的《いっぱんてき》です。

公的保険《ほけん》　国民が収入《しゅうにゅう》などにおうじて保険料《ほけんりょう》をはらい、こまったときには低い負担《ふたん》で必要な給付が受けられるようにします。健康保険、年金保険、社会保険などがあります。

生活保護《ほご》　国の支援《しえん》・監督《かんとく》のもとで、自治体がいま生活にこまっている人にお金を給付します。事前に保険料をしはらう必要はなく、生活にこまることになった理由も問いません。

社会福祉　子どもや高齢者《こうれいしゃ》、障《しょう》がい者などの、自立して生活することがむずかしい人を支援《しえん》し、自立を助けます。子どもを保護する「児童福祉」には保育所《ほいくしょ》の整備《せいび》、児童相談所の設置《せっち》などがふくまれます。「高齢者福祉」のうち介護《かいご》サービスは、介護保険制度《せいど》として公的保険にふくまれるようになりました。「障がい者福祉」としてはおもに介護サービスの支給と就労《しゅうろう》支援が行われています。

地域《ちいき》ケアを進めたボランティア

　福祉《ふくし》を行うのは国など公的な機関だけではありません。先に紹介《しょうかい》したような公的な施策《しさく》の整備《せいび》と、民間での支援《しえん》とが、ときに協力したり、ときに民間が先に支援を行ったのちにそれが公的な施策になったりと、複雑《ふくざつ》な関係をつくりながら進んできました。

　1973 年、日本の政府《せいふ》は「福祉元年」という目標をかかげて、社会保《ほ》障《しょう》に関する国の負担《ふたん》を大きくする改革《かいかく》を行いました。しかし、同時にオイルショックが起こって景気が悪化し、改革は方向転換《てんかん》します。1979 年に閣議《かくぎ》決定された「新経済《しんけいざい》社会 7 カ年計画」では、「日本型《にほんがた》福祉社会」ということばで、家族の責任《せきにん》を強調し、高齢者《こうれいしゃ》のケアを家庭ににないわせる方向性《ほうこうせい》を打ちだしたのです。

　同じころ、障《しょう》がい者介護《かいご》を通して「施設《しせつ》から在宅《ざいたく》へ」という動きが民間から強まりました。ボランティアの活動も、施設訪問《ほうもん》から在宅ケアの補助《ほじょ》に変わっていきます。それとともに、ケアを家庭だけにになわせず、住民がボランティアとしてケアに参加する「住民参加型《さんかがた》在宅福祉サービス」を行う団体《だんたい》が日本各地に生まれました。また、地域《ちいき》の病院を起点に、関係機関と連携《れんけい》しながら障がい者や高齢者のケアをになう地域包括《ほうかつ》ケアのこころみが広がりました。その後、2000 年にはじまった介護保《ほ》険制度《けんせいど》をはじめ、福祉に関する近年の公的な施策は地域連携をめざしたものになっています。

　公的な施策からこぼれ落ちる部分に気づき、いちはやく活動してきた福祉ボランティアの特徴《とくちょう》は、その先進性《せんしんせい》にあるといえます。

分野別 NPO 法人数
（2021 年 9 月 30 日現在《げんざい》）

単位：法人

保健《ほけん》・医療《いりょう》・福祉《ふくし》	28,927
社会教育	24,349
子ども	23,580
NPO 法人などの団体《だんたい》の支援《しえん》	23,449
まちづくり	22,303
学術《がくじゅつ》・文化・芸術《げいじゅつ》・スポーツ	18,176
環境《かんきょう》	13,262
職業《しょくぎょう》訓練や就職《しゅうしょく》の支援	12,580
国際《こくさい》協力	9,185
経済《けいざい》活動	8,806
人権《じんけん》の擁護《ようご》・平和の推進《すいしん》	8,665
地域《ちいき》安全	6,241
情報化《じょうほうか》社会の発展《はってん》	5,580
男女共同参画	4,745
災害救援《さいがいきゅうえん》	4,359
観光	3,641
農山漁村・中山間地域の活《かっ》性化《せいか》	3,124
消費者保護《しょうひしゃほご》	2,876
科学技術《ぎじゅつ》	2,782
これらの活動に近い、都道府県・指定都市の条例《じょうれい》で定める活動	308

「内閣府《ないかくふ》 NPO ホームページ」より。合計 50,842 法人の定款《ていかん》に書かれた活動分野を集計した。1 つの法人が複数《ふくすう》の活動分野の活動を行う場合があるため、合計は 50,842 法人にはならない。

日本の NPO 法人全 50,842 法人のうち半数以上が「保健《ほけん》・医療《いりょう》・福祉《ふくし》」分野の活動を行っています。日本のボランティア活動において、この分野への関心が高いことがうかがえます。

2. 市民運動が社会を動かす

市民運動が解決《かいけつ》の道を開いた「薬害 HIV 事件《じけん》」

整っているかのように見える福祉《ふくし》の制度《せいど》から、こぼれ落ちている問題点は、じつはたくさんあります。そうした点に気づいた市民団体《だんたい》が、先んじて支援《しえん》や対策《たいさく》を行い、それがやがて行政《ぎょうせい》を動かすという事例は少なくありません。市民運動の意味は、うもれている問題に光を当て、人びとの関心をよびおこし、政治《せいじ》の課題としてつきつけることにあります。

市民運動が国を動かした近年の例に、薬害 HIV 事件《じけん》があります。血友病の治療薬《ちりょうやく》として用いられた血液製剤《けつえきせいざい》に、HIV（エイズ発症《はっしょう》の原因《げんいん》ウイルス）が混入《こんにゅう》していたという事件です。厚生省《こうせいしょう》（当時）が承認《しょうにん》していた血液製剤を使ったことで、1982 ～ 1985 年にかけて約 1400 人もが HIV に感染《かんせん》し、そのうち 500 人以上がなくなりました。当時、エイズの治療法《ちりょうほう》はまだありませんでした。さらに、HIV やエイズに関する正しい知識《ちしき》がまだ広まっておらず、感染者《かんせんしゃ》は差別を受けました。

1989 年、血液製剤によって HIV に感染した被害者《ひがいしゃ》や遺族《いぞく》は、厚生省と製薬企業《せいやくきぎょう》らを被告《ひこく》とする損害賠償訴訟《そんがいばいしょうそしょう》を起こします。HIV やエイズに関する強い偏見《へんけん》があるなか、裁判《さいばん》の原告《げんこく》となり、長い裁判をたたかうことは被害者と遺族にとって大きな負担《ふたん》になります。弁護団《べんごだん》とともに、市民団体が裁判中《さいばんちゅう》の原告と遺族を支援《しえん》しました。

1995 年、原告の１人《ひとり》である川田龍平《かわだりゅうへい》さんが実名を公表し、薬害 HIV の被害をうったえたことで、大学生を中心とした若者《わかもの》のあいだに支援が広がり、厚生省の敷地《しきち》を囲《かこ》む抗議《こうぎ》活動「3500 人、人間のくさり」が行われました。事件に関係した製薬会社に対する不買運動なども起こり、被害者と遺族を支持《しじ》する世論《せろん》が高まりました。ついに 1996 年、国と製薬会社がみずからの責任《せきにん》を全面的にみとめ、和解《わかい》が成立しました。市民のいかりが、裁判のゆくえに大きな影響《えいきょう》をあたえたのです。

1995 年 3 月、「東京 HIV 訴訟《そしょう》」原告《げんこく》の川《かわ》田龍平《だりゅうへい》さん（写真中央）が、実名を公表する記者会見を行いました。 ©朝日新聞社

子どもの貧困対策法《ひんこんたいさくほう》ができるまで

福祉《ふくし》の分野で「子どもの貧困《ひんこん》」の問題に注目が集まってから 10 年以上がたちました。以前は、日本に住む人の多くが「日本はゆたかな国だ」と考え、また「こまっている家庭を助けるための生活保護制度《ほごせいど》があるのだから、現代《げんだい》の日本には貧困はない」という思いこみをもっていました。民間団体《だんたい》からの、これらの思いこみをくつがえすような提言《ていげん》が活発になった 2008 年は「子どもの貧困元年」といわれます。

子どもの貧困には、これまで考えられてきた貧困とはことなる要素《ようそ》があり、だからこそ行政《ぎょうせい》からは見のがされてきたとも考えられます。

近年の日本でいう子どもの貧困とは、餓死《がし》する危険《きけん》にさらされているといったものではありません。たとえばひとり親家庭など、収入《しゅうにゅう》が低い家庭の子どもは、進学がむずかしかったり、健《すこ》やかに成長するための文化的環境《かんきょう》や機会にめぐまれない場合があります。その国や地域《ちいき》の収入や生活の水準《すいじゅん》とくらべて、大多数よりもおとっている状態《じょうたい》を相対的貧困といいます。まわりの子どもの大多数が進学しているなかで、経済的《けいざいてき》な理由で進学ができないとすれば、それは相対的貧困状態にあるといえます。

さらに、収入が低い家庭は、地域社会のつきあいから切りはなされ、つながりをもちにくくなります。とくに都会では、こまっている家庭があっても、近所の人はだれも気づかないということがじゅうぶん起こりえます。児童虐待《ぎゃくたい》や不登校も、貧困と重なって起こることが多いといわれています。それぞれ独立《どくりつ》していると思われていた問題が、じつは「子どもの貧困」というキーワードでつながっていたのです。

これに気づいたのが、福祉施設《しせつ》など支援《しえん》の現場《げんば》ではたらく人びとでした。彼《かれ》らから情報《じょうほう》を得《え》た福祉の研究者たちが声を上げたのが 2008 年だったのです。

2009 年、厚生《こうせい》労働省が相対的貧困率《ひんこんりつ》と子どもの貧困率を発表しました。この時点での子どもの貧困率は 14.2 パーセント（2006 年のデータから計算）で、約 7 人に 1 人《ひとり》の子どもが貧困状況《じょうきょう》に置かれていることがはじめて明らかになったのです。福祉の研究者を中心とする団体が、子どもの貧困対策法《たいさくほう》の制定《せいてい》をもとめて、要望書の提出《ていしゅつ》や市民集会、デモ行進などの運動を行いました。2013 年、子どもの貧困対策法は衆議院《しゅうぎいん》・参議院のすべての政党《せいとう》が賛成《さんせい》して成立。翌年《よくねん》の 2014 年から施行《しこう》されました。この法律《ほうりつ》は「子どもの将来《しょうらい》がその生まれ育った環境によって左右されることのないよう、貧困の状況にある子どもが健やかに育成される環境を整備《せいび》すること」「教育の機会均等《きんとう》が保障《ほしょう》され、子どもの貧困対策を総《そう》合的《ごうてき》に推進《すいしん》すること」をうたっています。同じ年、国の対策方針《ほうしん》を定める「子供《こども》の貧困対策に関する大綱《たいこう》」が閣議《かくぎ》決定されました。この大綱は 2019 年に見なおされ、以降《いこう》も 5 年ごとに更新《こうしん》されることになっています。

国が行う子どもの貧困対策には、教育の支援、生活支援、保護者《ほごしゃ》の就《しゅう》労《ろう》支援、経済的支援の 4 つがあります。教育の支援については、幼児《ようじ》保育《ほいく》・高校の授業料《じゅぎょうりょう》・大学教育などの無償化《むしょうか》がおもな内容《ないよう》です。これは教育の「現物《げんぶつ》給付」にあたります。これらの対策は、貧困を直接解消《ちょくせつかいしょう》する現金《げんきん》給付ではないため、子どもの貧困状態そのものをなくす対策としてはふじゅうぶんではないかという批判《ひはん》がなされています。

日本の貧困率《ひんこんりつ》の年次推移《すいい》

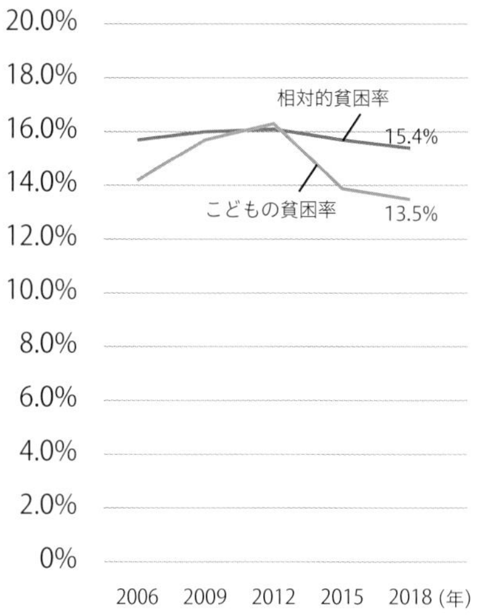

厚生《こうせい》労働省「2019 年 国民生活基礎調査《きそちょうさ》の概況《がいきょう》」による。

相対的貧困率《ひんこんりつ》は、収入が一定の基準《きじゅん》より少ない人の割合《わりあい》です。2006 年以《い》降《こう》、多少の増減《ぞうげん》はありますが、相対的貧困率は高い水準《すいじゅん》をたもっています。子どもの貧困率は 2012 年以降へっていますが、ひとり親家庭（おとなが 1 人で子どもがいる現役《げんえき》世帯）の貧困率は 48.1 パーセント（2018 年）にのぼり、家庭の状況《じょうきょう》による差が大きくなっています。

3. ボランティアがほりおこす福祉《ふくし》の課題

2021年6月、LGBTQに関する法案が提《てい》出《しゅつ》されないまま国会が閉会したことを受けて、LGBTQに関する活動を行う団体《だんたい》でつくる「LGBT法連合会」が抗議《こうぎ》の記者会見を行いました。　©朝日新聞社

若《わか》い活動家の視点《してん》がとくに期待される分野

福祉《ふくし》の分野で、立法・制度化《せいどか》がおくれている課題にLGBTQ支援《しえん》があります。LGBTQをふくむセクシュアルマイノリティの問題は、当事者をふくめ、勇気をもって声を上げる人びとにより、広く知られるようになりました。しかし、まだ正しい知識《ちしき》が世の中に行きわたっているとはいいがたく、人生のいろいろな段階《だんかい》で差別や無理解《むりかい》にさらされ、だれにも相談できず苦しんでいる人が多いのです。また、公的な福祉施策《しさく》についても、差別を禁止《きんし》したり、配慮《はいりょ》をもとめたりするよびかけにとどまっています。2021年に、LGBT理解増進法《りかいぞうしんほう》の国会提《てい》出《しゅつ》が検討《けんとう》されたものの、法案の提出は見おくられました。これは、いまだにLGBTQの人びとがかかえる問題を、国が正しく認識《にんしき》できていないことのあらわれでしょう。

そのほか、若年女性《じゃくねんじょせい》支援も、ボランティアの力が大きい領域《りょういき》です。「Colabo《コラボ》*」という団体《だんたい》が、中学・高校生世代を中心とする10代の女性をささえる活動を行っています。「家に帰りたくない」「相談できる人がいない」といった事情《じじょう》をもつ若《わか》い女性が、行き場をなくして繁《はん》華街《かがい》に集まっています。「Colabo」は、彼女《かのじょ》たちがいつでもかけこめる居場所《いばしょ》づくりをしているのです。

このような新しい現象《げんしょう》や、まだ注目されていない課題に気づき、すばやく対応《たいおう》ができるのが、民間のボランティアのもつ力です。いっぽうで、当然のことながら資金《しきん》や人手の問題があり、課題の根本的な解《かい》決《けつ》をめざすのは民間ではむずかしくなります。目の前でこまっている人に、可能《かのう》なかぎりの支援をしながら、世の中や政府《せいふ》によびかけて法《ほう》制化《せいか》をもとめるのが、福祉分野のボランティア活動の一つの目的といえます。だまっていれば自動的に課題が発見され、自動的にだれかが解決してくれるということはありません。現在《げんざい》行われている社会保障《ほしょう》も、課題を見いだし、対策《たいさく》をねばりづよくうったえた現場《げんば》の人びとの力で成立してきたのです。さらに、制度《せいど》になればそれで終わりということはありません。福祉の発展《はってん》は、制度ができるたびにそのはざまで支援を受けられない人が発見されることのくりかえしでもあります。

また、福祉にかかわる課題は、当事者が支援をもとめにくい場合が少なくありません。福祉にまつわる偏見《へんけん》をなくしていくとともに、社会に生きるさまざまな立場の人が、それぞれの年齢《ねんれい》や立場で気づいた課題について、積極的に声を上げていくことが必要なのです。

*一般社団法人《いっぱんしゃだんほうじん》Colabo《コラボ》（ホームページ　https://colabo-official.net/）

さくいん

監修

西尾雄志（にしお・たけし）

早稲田大学大学院社会科学研究科満期退学。博士(学術)。学生時代よりFIWC(フレンズ国際ワークキャンプ) 関東委員会で活動を行う。早稲田大学平山郁夫記念ボランティアセンター客員准教授などをへて、現在は近畿大学総合社会学部准教授。日本ボランティア学習協会理事、日本財団ボランティアセンター理事。著書に『ハンセン病の「脱」神話化　自己実現型ボランティアの可能性と陥穽』（皓星社)、共著に『承認欲望の社会変革　ワークキャンプにみる若者の連帯技法』（京都大学学術出版会）がある。

取材協力（五十音順）

NPO 法人 いこいの家 夢みん
NPO 法人 コミュニティ NET ひたち
NPO 法人 D-SHiPS32
NPO 法人 西成チャイルド・ケア・センター
NPO 法人 寝屋川市民たすけあいの会
NPO 法人 ゆめ・まち・ねっと
認定 NPO 法人 ReBit

写真提供（五十音順）

朝日新聞社
NPO 法人 いこいの家 夢みん
NPO 法人 コミュニティ NET ひたち
NPO 法人 D-SHiPS32
NPO 法人 西成チャイルド・ケア・センター
NPO 法人 寝屋川市民たすけあいの会
NPO 法人 ゆめ・まち・ねっと
認定 NPO 法人 ReBit

表紙・カバー写真提供

大…NPO 法人 D-SHiPS32
小…平尾小径/NPO法人 コミュニティNETひたち

本扉写真提供

NPO 法人 D-SHiPS32

スタッフ

執　筆	平尾小径
	粟生こずえ
装　丁	村口敬太（Linon）
デザイン·組版	株式会社ライツ（角田竜一）
イラスト	宮下やすこ
校　正	菅村薫
編集・制作	平尾小径
	株式会社桂樹社グループ
編集協力	當摩裕子
制作協力	福島デザイン室

ISBN978-4-7999-0437-4　NDC 369　48p　293×215mm

もっと知りたいボランティア

3　知ろう！ 福祉ボランティア

2022年3月　初版第1刷発行

発行者　水谷 泰三
監　修　西尾 雄志
発　行　株式会社文溪堂

〒112-8635　東京都文京区大塚3-16-12
TEL　営業(03)5976-1515　編集(03)5976-1511
ホームページ　https://www.bunkei.co.jp

印刷·製本　図書印刷株式会社